W0344803

Cómo es este libro

Las actividades del libro están clasificadas según los procesos cognitivos que trabajan:

- **Conocer:** en ellas los alumnos trabajan directamente el contenido.
- **Aplicar:** estas actividades relacionan el contenido trabajado con los conocimientos previos del alumno y con el entorno, es decir, que trabajan con el contexto.
- **Razonar:** estas actividades tienen como objetivo que el alumno reflexione, explique y razone los porqués de sus respuestas.

A su vez, estas actividades son competenciales y también permiten el desarrollo de las inteligencias múltiples. Se indican con los siguientes símbolos:

Competencias clave

- Comunicación lingüística
- Competencia matemática y competencias básicas en ciencias y tecnología
- Aprender a aprender
- Conciencia y expresiones culturales
- Sentido de iniciativa y espíritu emprendedor
- Competencias sociales y cívicas
- Competencia digital

Inteligencias múltiples

- Inteligencia lingüística
- Inteligencia lógico-matemática
- Inteligencia naturalista
- Inteligencia cinético-corporal
- Inteligencia musical
- Inteligencia intrapersonal
- Inteligencia interpersonal
- Inteligencia espacial

ENTRADA

Breve introducción que presenta los contenidos del tema que desarrollarás, con actividades previas que te servirán para entrar en contacto con ellos.

Texto literario o de divulgación científica que introduce el tema.

Actividades de comprensión lectora y expresión escrita.

INTERIOR

El texto informativo se estructura en bloques. Para facilitar tu aprendizaje se complementa con mapas, fotos, gráficos, dibujos y documentos de ampliación.

Cada bloque cuenta con actividades de comprensión.

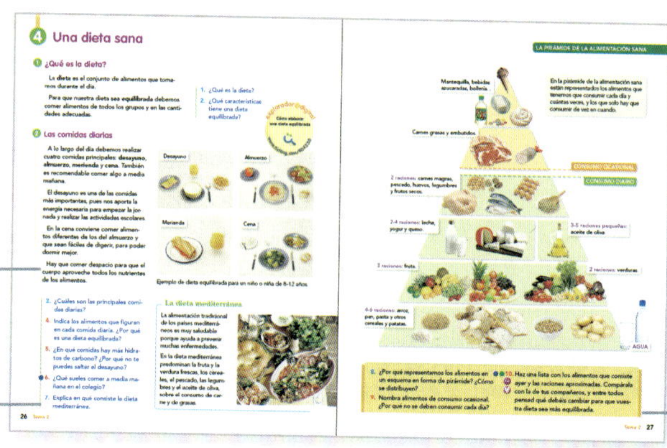

Las actividades finales te servirán para aplicar lo que has aprendido y reflexionar sobre ello. También podrás encontrar definiciones de conceptos.

INTERIOR

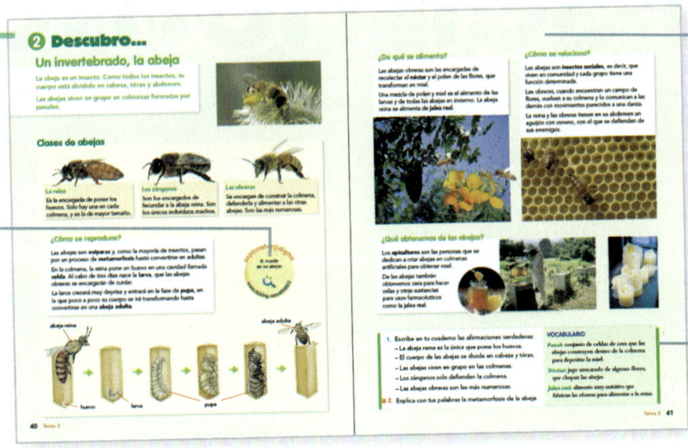

Ticing: recomendaciones de enlaces de Internet a lo largo de todo el tema para complementar la información o las actividades.

En las páginas *Descubro…* ampliarás tus conocimientos sobre algún elemento concreto del tema.

Todas estas páginas especiales tienen actividades.

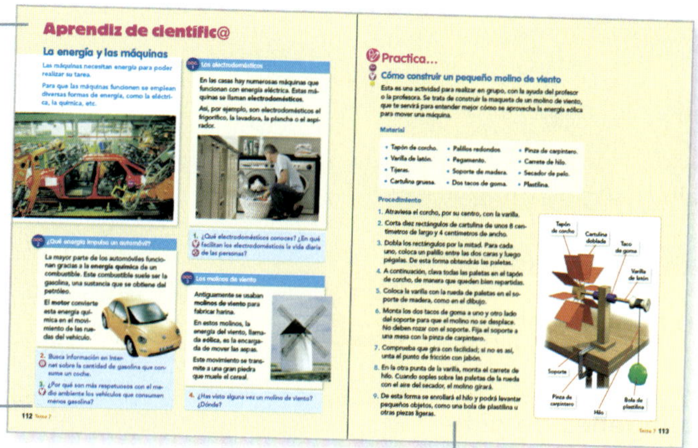

En *Aprendiz de científic@* se presentan unos documentos con nuevos conocimientos, que introducen la práctica que sigue.

Los documentos van acompañados de preguntas y actividades para consolidar los nuevos conocimientos.

Procedimiento o experimento que te permitirá poner en práctica y desarrollar lo que has aprendido en las páginas anteriores.

REPASO LO APRENDIDO

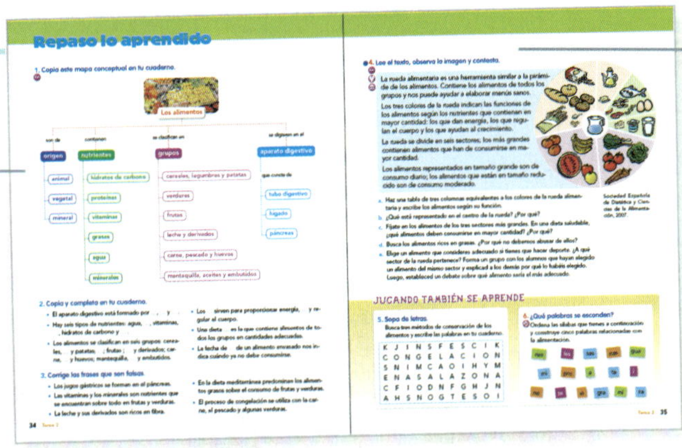

Mapa conceptual que resume y organiza los principales contenidos del tema y que se complementa con dos actividades que también son de síntesis.

Propuesta de actividades, algunas de ellas lúdicas, como juegos de inteligencia, para que desarrolles distintos tipos de habilidades y razonamientos.

PROYECTO TIC

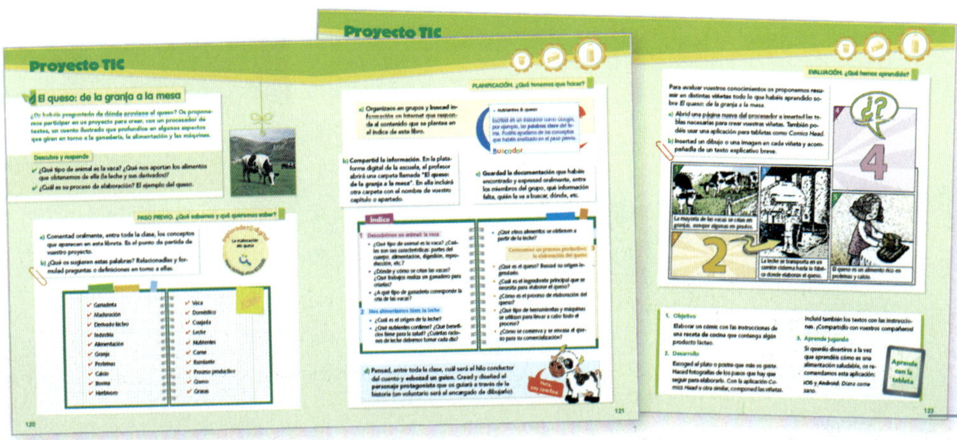

Estas páginas profundizan en algunos de los temas del libro: la ganadería, la alimentación y las máquinas.

De una forma pautada y utilizando herramientas digitales, aprenderás qué tipo de animal es la vaca, qué alimentos obtenemos de ella y cuál es su proceso de elaboración.

1 El ser humano

En este tema descubrirás:

- **Cuáles son las características del ser humano y cómo es su cuerpo.**
- **Cuáles son las funciones vitales de los seres vivos.**
- **Cuáles son los sentidos y cómo funcionan.**
- **Qué enfermedades y qué cuidados precisan los órganos de los sentidos.**

1. ¿Qué partes del cuerpo humano observas en la fotografía?
2. Busca en Internet dos imágenes de gimnasia rítmica y describe los movimientos que se observan en ellas.

Ojos negros

El pequeño de los Calatayud no entendía por qué era tan importante el color de sus ojos.

Su hermana mayor tenía los cabellos color calabaza, como la bisabuela, y la cara llena de pecas, como un huevo de codorniz.

Los otros Calatayud tenían el pelo de color rata mojada, y eran más oscuros de piel.

Y su padre no decía nada de eso.

Su hermano era barrigón, como el tío. Los demás eran más bien flacuchos.

Y su padre tampoco decía nada sobre eso.

La niña de los vecinos era blanca como la leche y lucía una melena tan negra como los ojos de él.

Su hermano, por el contrario, tenía una especie de nido desordenado en la cabeza, casi tan blanco como su piel.

¡Y no pasaba nada!

La niña de los Hinojosa tenía las piernas larguiruchas y el culo respingón como el de una hormiga. Su primo, el mayor de los Villalobo, en cambio, era paticorto y patituerto.

Los mellizos Asensio tenían unos ojos como naranjas. Pero su nueva hermanita los tenía como dos rendijitas.

Lluís FARRÉ: *Ojos negros*. Madrid, Ediciones SM, 2013.

Lee y comprende

3. ¿Cuántos niños y niñas aparecen descritos en la lectura? Haz una lista por familias.
4. ¿Qué partes del cuerpo describe el autor?
5. Asocia cada niño a una característica física. ¿Son distintos entre ellos? Dibuja algunos niños siguiendo las descripciones del autor.

Exprésate con tus palabras

6. En el cuento, el padre del niño protagonista no acepta que su hijo tenga los ojos negros. ¿Tú qué le dirías?
7. Describe a algunos miembros de tu familia utilizando comparaciones divertidas como las del texto.

1 El ser humano

1 Características del ser humano

Los seres humanos pertenecemos al gran grupo donde se incluyen todos los animales, pero poseemos dos características que nos diferencian de los demás animales:

- Podemos **pensar**, somos inteligentes, ya que tenemos un cerebro más desarrollado que el resto de los animales.
- Podemos **hablar** y esto nos permite comunicarnos. A través del **lenguaje** podemos expresar nuestros sentimientos y emociones (alegría, tristeza...), explicar lo que nos ocurre y transmitir lo que sabemos.

Somos inteligentes y capaces de resolver problemas, estudiar, leer, escribir o aprender a tocar un instrumento.

explorador@digital
Juegos para pensar
www.tiching.com/676144

1. ¿Qué caracteriza al ser humano?
2. ¿Para qué utilizamos el lenguaje?

2 Iguales pero diferentes

El cuerpo humano es **simétrico**, es decir, se organiza en dos mitades más o menos iguales. Tenemos dos piernas, dos brazos, dos orejas...

Sin embargo, cada persona es única y diferente a las demás a causa de varias características físicas:

- La **constitución corporal**. Unas personas son delgadas, otras son gruesas; unas son bajas, otras son altas...
- Los **rasgos individuales** de cada persona, como el color de los ojos, el tamaño de la boca, la forma de la nariz...
- Las **características sexuales**. El cuerpo del hombre es diferente al de la mujer.

Pero todos somos seres humanos con los mismos derechos y obligaciones.

Cada persona es única y diferente a cualquier otra.

3. ¿Qué significa que el cuerpo humano es simétrico?
4. Observa la fotografía de la derecha. ¿Cuántos niños hay? ¿Y niñas? Indica algunos rasgos individuales que hagan a cada uno personas diferentes.

3 Las partes del cuerpo humano

En nuestro cuerpo distinguimos las tres partes siguientes:

- La **cabeza**. Está formada por la cara y el cráneo. Dentro del cráneo se encuentra el cerebro.
- El **tronco**. Es la parte del cuerpo entre el cuello y las extremidades.

  Está formado por el **tórax**, que es la parte superior y por el **abdomen**, que es la parte inferior.
- Las **extremidades**. Son de dos tipos:
  - Extremidades **superiores**: están compuestas por el brazo, el antebrazo y la mano.
  - Extremidades **inferiores**: están formadas por el muslo, la pierna y el pie.

5. ¿En qué tres partes se divide nuestro cuerpo? ¿Y las extremidades?
6. ¿Cómo se llama la zona que ocupa el pecho? ¿Y la del vientre?

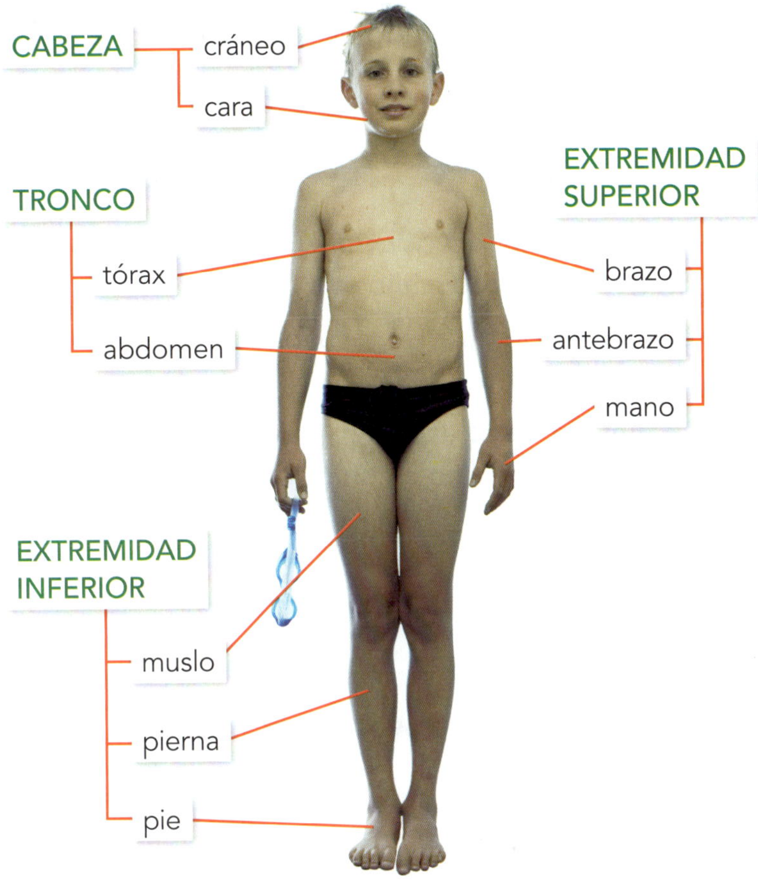

7. Estos niños y niñas están expresando diferentes emociones mediante gestos de la cara:
   - Comenta con tus compañeros qué emociones pueden ser.
   - Luego, explicad alguna ocasión en la que os hayáis sentido así.

8. Solo los seres humanos somos capaces de resolver los jeroglíficos. Averigua qué nombre de mujer se esconde tras este:

 –vo + U + 24 h

VOCABULARIO

Lenguaje: capacidad de las personas de comunicar lo que piensan o sienten.

Constitución: todas las características físicas de una persona que determina su aspecto, fuerza y vitalidad.

Rasgo: característica de la cara de una persona.

Jeroglífico: representación de una palabra o frase utilizando dibujos y letras.

2 Somos seres vivos

1 ¿Por qué somos seres vivos?

Son **seres vivos** todos los seres que nacen, se alimentan y crecen, se relacionan, se reproducen y mueren. Por tanto, los seres humanos somos seres vivos.

Todos estos actos que realizamos son las **funciones vitales**:

- La **función de reproducción**, cuando nacemos o nos reproducimos.
- La **función de nutrición**, cuando nos alimentamos y crecemos.
- La **función de relación**, cuando nos relacionamos con el entorno o con otros seres vivos.

Los seres que no realizan las funciones vitales, como las rocas y el agua, reciben el nombre de **seres inertes**.

1. ¿Por qué los seres humanos somos seres vivos y no seres inertes?
2. Describe la fotografía de la familia. ¿Qué funciones vitales están representadas en ella? ¿Cuál falta?

2 La función de reproducción

La capacidad que tienen los seres vivos de reproducirse, es decir, de tener **descendientes**, es lo que llamamos función de **reproducción**.

Esta función se realiza en el **aparato reproductor**. El aparato femenino consta de útero, ovarios y vulva. El masculino está formado por el pene y los testículos.

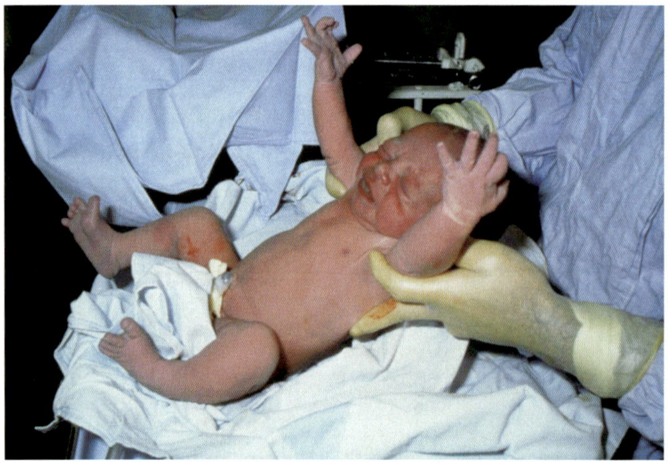

Después de nueve meses de embarazo, el bebé sale del vientre de su madre en el parto.

Los hijos se parecen a los padres

El ser humano, como el resto de los animales, transmite sus características físicas a los hijos.

Algunas de estas características dominan sobre otras, por eso algunos hijos se parecen tanto a los padres. Así, por ejemplo, el color marrón de los ojos domina sobre el verde o el azul. Pasa lo mismo con el pelo rizado, que también domina sobre el pelo liso.

3. ¿Por qué el ser humano se reproduce?
4. Escribe dos características físicas que tengas e indica si tus padres también las tienen.

3 La función de nutrición

Los procesos que realizan los seres vivos para obtener energía y asimilar las sustancias que necesitan para mantenerse vivos y crecer, constituye la **función de nutrición**. Los aparatos que intervienen en la nutrición son:

- **Aparato digestivo**: boca, esófago, estómago e intestinos.
- **Aparato circulatorio**: corazón y vasos sanguíneos.
- **Aparato respiratorio**: nariz, tráquea, bronquios, pulmones.
- **Aparato excretor**: riñones, vejiga y uréteres.

5. ¿Para qué sirve la función de nutrición? ¿Qué aparatos intervienen en ella?

4 La función de relación

La capacidad que tienen los seres vivos para captar lo que ocurre a su alrededor y reaccionar ante ello es la **función de relación**.

Los órganos, aparatos y sistemas que intervienen en la función de relación son:

- Todos los órganos de los sentidos.
- El sistema nervioso: encéfalo, médula espinal y nervios.
- El aparato locomotor: músculos y huesos.

6. ¿En qué consiste la función de relación? Pon un ejemplo.

Cuando observamos una mariposa, o cuando nos abrigamos porque las temperaturas son muy bajas, nos estamos relacionando con el entorno.

7. Relaciona en tu cuaderno las tres funciones vitales con las palabras de la derecha:

- Reproducción
- Nutrición
- Relación

descendiente	alimento
entorno	madre
energía	captar

8. Explica qué sensaciones notas en tu cuerpo cuando tienes hambre, sed o estás cansado. ¿Cómo reaccionas en cada caso?

VOCABULARIO

Inerte: que no tiene vida.

Descendiente: ser vivo que proviene de otro.

Progenitor: ser vivo que origina a otro.

3 Los cinco sentidos. El tacto

1 Los sentidos

Las personas tenemos cinco **sentidos**: el tacto, la vista, el oído, el olfato y el gusto.

Mediante los sentidos **nos relacionamos** con las otras personas y con el mundo que nos rodea.

Cada sentido tiene órganos especiales para percibir la información del exterior.

Los órganos transforman la información en una señal nerviosa y los **nervios** la transmiten al **cerebro**, que se encarga de elaborar las sensaciones.

1. ¿Para qué sirven los sentidos? ¿Cuántos sentidos tenemos? Escribe el órgano que le corresponde a cada uno.
2. ¿En qué se transforma la información del exterior y adónde llega?
3. ¿Qué parte del cuerpo te permite diferenciar un olor de un sabor?

LOS ÓRGANOS DE LOS SENTIDOS

Olfato

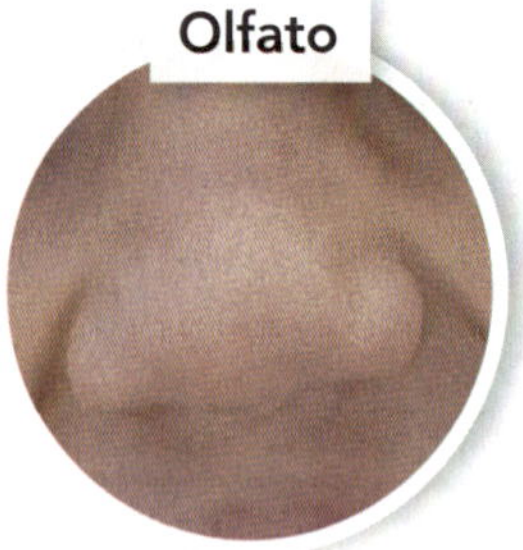

El olfato está situado en la **nariz**. Gracias a él podemos captar el olor de las cosas.

Tacto

El tacto está en la **piel**. Gracias a este sentido notamos la temperatura, la textura, etc.

Oído

El sentido del oído se encuentra en los órganos de los **oídos**. Nos permiten percibir los sonidos.

Gusto

El gusto está en la **lengua**. Nos ayuda a reconocer y disfrutar de los sabores.

Vista

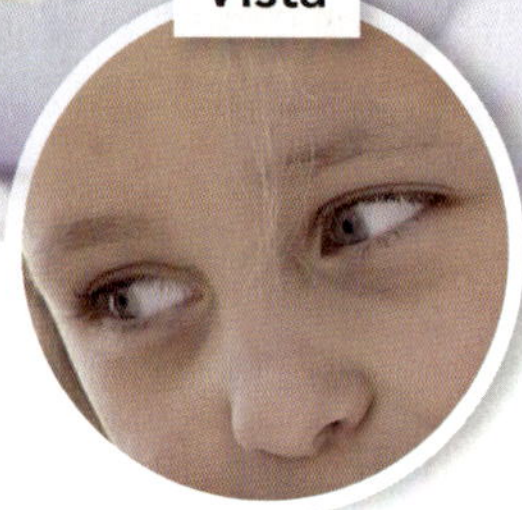

La vista reside en los **ojos**. Con ellos distinguimos las formas, los tamaños y los colores.

2 El tacto

El sentido del **tacto** está repartido por toda la **piel** de nuestro cuerpo.

A través de la piel podemos percibir las siguientes sensaciones:

- Si un objeto está frío, templado o caliente, es decir, su **temperatura**.
- La **forma**, la **consistencia** y la **textura** de un objeto. Por eso, cuando cogemos una canica, sabemos que es redonda, dura y lisa.
- El **dolor**, como cuando nos pinchamos con una aguja.

Estas sensaciones las percibimos a través de unas **terminaciones nerviosas**, que se encuentran en la piel, y que envían la información al **cerebro**.

LA PIEL Y SUS ELEMENTOS

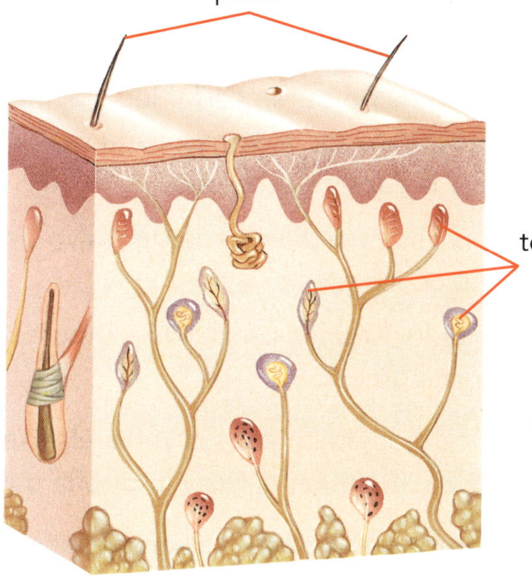

Este dibujo representa un corte de piel donde se observan las **terminaciones nerviosas**.

Identificamos las sensaciones

Nuestro cerebro analiza la información recibida mediante las señales nerviosas y la compara con la que ya tiene.

De esta manera podemos reconocer las imágenes, los sonidos, los sabores, etc.

4. ¿Dónde se localiza el sentido del tacto?
5. ¿Qué características de un objeto puedes reconocer con el sentido del tacto?
6. ¿Cómo percibimos las sensaciones del tacto?

7. Relaciona los órganos de los sentidos con las frases siguientes:
   - No me hagas cosquillas.
   - El pastel está riquísimo.
   - Tienes una voz muy bonita.
   - Las nubes son blancas.
   - Huele a menta.
   - La sopa está muy caliente.
8. ¿En qué parte del cuerpo se encuentran la mayoría de órganos de los sentidos?
9. ¿Cómo llega al cerebro la información que captan los órganos de los sentidos?

VOCABULARIO

Consistencia: grado de unión entre las partículas de una sustancia.

Textura: manera como están dispuestas las partículas de una sustancia.

4 La vista y el oído

1 Los ojos

Los **ojos** son los órganos de la **vista**. Están en la cara y rodeados de unos elementos que los protegen:

- Las **cejas** evitan que el sudor de la frente entre en los ojos.
- Los **párpados** nos permiten cerrar los ojos y aislarlos completamente del exterior. Además, cada vez que parpadeamos se limpia la superficie del ojo.
- Las **pestañas** impiden la entrada de polvo u otros elementos molestos en los ojos.
- Las **glándulas lacrimales** producen el líquido que mantiene el ojo siempre húmedo.

Si te miras los ojos en un espejo verás el exterior del ojo y distinguirás la **esclerótica**, el **iris** y la **pupila** o **niña del ojo**.

Además, dentro del ojo hay dos elementos muy importantes para la visión: el **cristalino** y la **retina**.

EL EXTERIOR DEL OJO

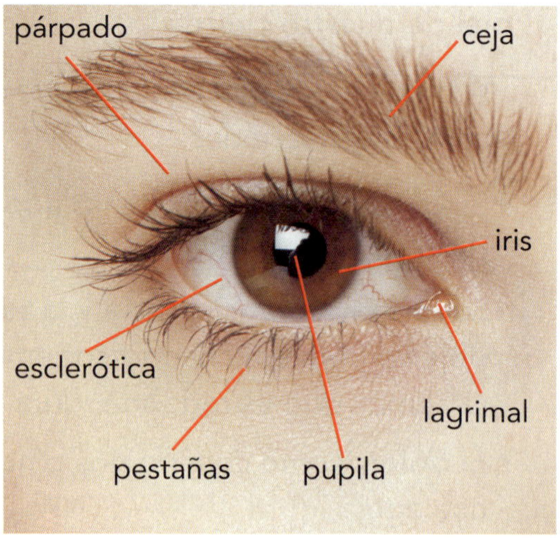

1. ¿Qué elementos protegen a los ojos?

2 La visión: cómo vemos

Para que podamos ver los objetos es necesario que la **luz** llegue hasta nuestros ojos.

La luz sigue este recorrido:

- Entra por la **córnea**, que es transparente, y atraviesa la **pupila**.
- Pasa a través del **cristalino**, que proyecta la imagen en la **retina**.
- En la retina, las imágenes se transforman en señales nerviosas, que son enviadas al **cerebro** a través del **nervio óptico** para que las identifique.

2. ¿Qué es la córnea? ¿Qué cualidad tiene?
3. ¿Quién identifica las señales que envían los ojos?

LAS PARTES DEL OJO

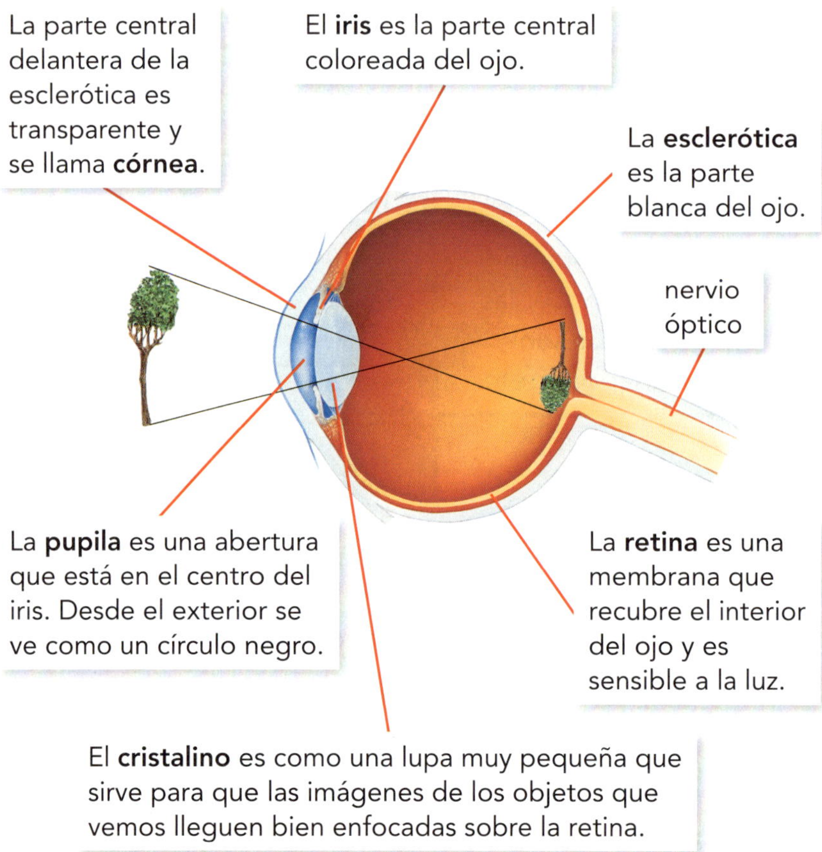

3 El oído

Los **oídos** son los órganos de la **audición**. Están a ambos lados de la cabeza.

Gracias al oído percibimos los **sonidos**, su **intensidad**, es decir, si son fuertes o débiles, su **tono**, si son agudos o graves, y la **distancia** a la que se producen.

Cada oído se divide en **oído externo**, **oído medio** y **oído interno**.

4. ¿En cuántas partes se divide el oído? Nómbralas.

4 La audición: cómo oímos

El **sonido** es la vibración del aire que captan nuestros oídos. Sigue estos pasos:

- El sonido llega a la **oreja**, pasa por el **conducto auditivo externo** y llega a una membrana, el **tímpano**.
- El tímpano vibra y estas vibraciones se transmiten a los **huesecillos del oído medio**, que también se mueven.
- El movimiento de los huesecillos pasa al **caracol**, en el oído interno.
- Del caracol, estas vibraciones pasan finalmente al **nervio auditivo**, que envía la información al **cerebro**.

LAS PARTES DEL OÍDO

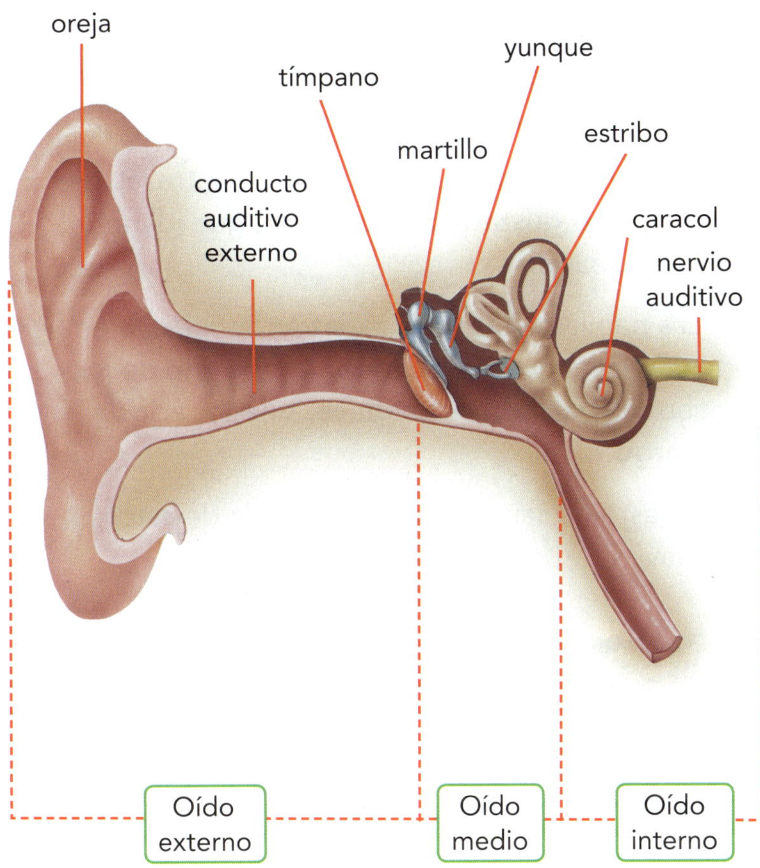

5. ¿Qué es el sonido?
6. ¿Cómo se llama la membrana que separa el oído externo del oído medio?

7. Entra con un espejo en una habitación con poca luz y mírate en él. ¿Qué le pasa a tu pupila? Ahora sal de la habitación y ve a un sitio con mucha luz. ¿Le ocurre lo mismo a tu pupila?
8. Fíjate en el dibujo del ojo. ¿La imagen del árbol formada sobre la retina es igual que la real? Razona la respuesta.
9. Comprueba si uno de tus compañeros, con los ojos vendados, es capaz de adivinar de qué lado viene el sonido de una campana.

VOCABULARIO

Caracol: conducto del oído interno enrollado en espiral.

Vibrar: moverse alternativamente de un lado al otro de una posición.

5 El gusto y el olfato

1 El gusto

El sentido del **gusto** se encuentra en la **lengua**. En ella podemos observar unas rugosidades llamadas **papilas gustativas**.

Las papilas gustativas detectan los **sabores** de lo que comemos o bebemos.

La información percibida la envían a través de los **nervios gustativos** al **cerebro**, que identifica estos sabores.

Las papilas están localizadas en zonas diferentes de la lengua. Cada zona percibe uno de los cuatro sabores básicos: **dulce**, **salado**, **ácido** y **amargo**.

El resto de sabores son una mezcla de estos cuatro.

1. ¿Cómo se llaman las rugosidades de la lengua que permiten reconocer los sabores?
2. ¿Cuál es la función de los nervios gustativos?

La **lengua** es un órgano musculoso situado en el interior de la boca.

La **saliva** nos permite disolver los alimentos que comemos y así poder notar su sabor.

LA LENGUA Y LOS SABORES

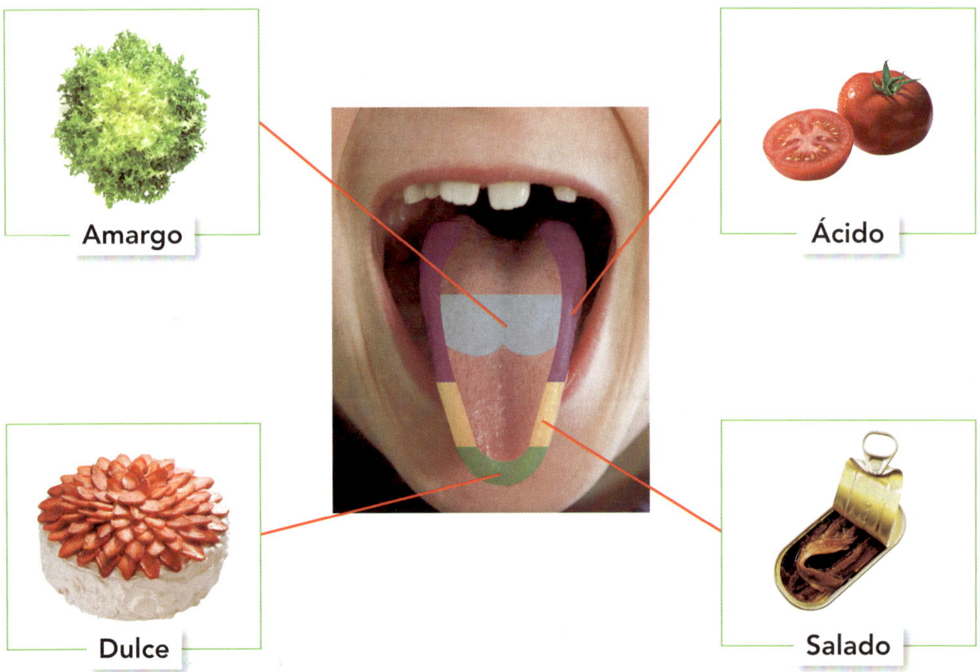

Las sustancias, como el agua, que no activan ninguno de los cuatro tipos de papilas no tienen sabor, es decir, son **insípidas**.

2 El olfato

La **nariz** es el órgano del sentido del **olfato**. Se encuentra en el centro de la cara.

Dentro de la nariz hay una zona llamada **pituitaria**, que permite percibir los distintos olores.

3. ¿Cuál es el órgano del olfato?
4. ¿En qué parte de la nariz está situado el sentido del olfato?

Cuando quieres oler bien, coges aire con fuerza por la nariz, con ello llega más aire a la pituitaria y notas mejor el olor.

3 Cómo olemos

Cuando una sustancia se evapora, se mezcla con el aire. Al aspirar el aire, la sustancia entra en contacto con nuestra pituitaria y esta, a través de los **nervios olfativos**, envía la información al **cerebro**, que reconoce los olores.

Existen olores que nos resultan agradables, como el aroma de una flor, y otros desagradables, como un alimento en mal estado.

Tanto si el olor es agradable o desagradable, cuando llega a la pituitaria durante un largo periodo de tiempo, nuestro cerebro deja de olerlo.

También existen sustancias que no se evaporan, por tanto no pueden llegar a nuestra pituitaria a través del aire y por eso no las olemos; es decir, son sustancias **inodoras**.

INTERIOR DE LA BOCA

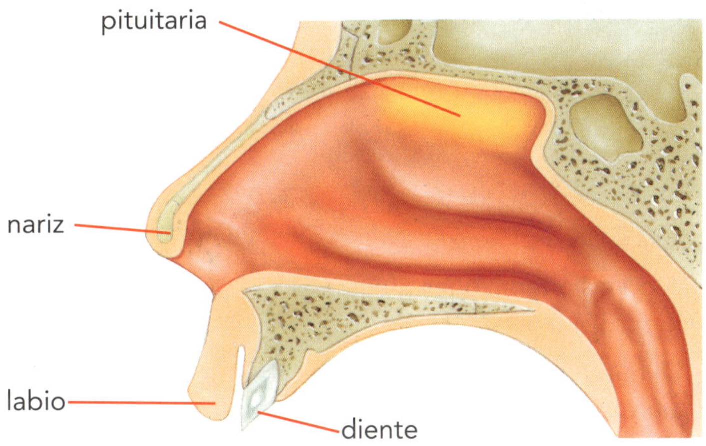

5. ¿Cuándo dejamos de percibir un olor? Reflexiona la respuesta.
6. ¿Cuál es la función de los nervios olfativos?

7. ¿A qué sabor corresponde cada uno de estos alimentos?

8. Busca información en Internet sobre cómo el olfato interviene en la percepción de los sabores.
9. Nuestro olfato nos permite distinguir olores diferentes, y para referirnos a ellos utilizamos frases como "huele a quemado".
   – ¿Puedes escribir tres frases referidas a olores diferentes?

6 Descubro...

Las alteraciones y...

En los órganos de los sentidos se pueden dar numerosas alteraciones o enfermedades, las más frecuentes son las que afectan a la piel, a los ojos y a los oídos.

La piel

Los virus y las bacterias pueden producir alteraciones en la piel. Las más frecuentes provocan picores, enrojecimientos e inflamaciones.

Una alteración frecuente es el eccema debido a la alergia a algún medicamento, alimento, crema, etc.

Cuida tu piel

- ✔ Debes ducharte todos los días para mantener limpia la piel.
- ✔ Cuando vayas a la playa debes ponerte crema de protección solar.
- ✔ Evita tocar sustancias que irriten la piel, como insecticidas, etc.
- ✔ Si te haces una herida, la debes limpiar y desinfectar.

Los ojos

Algunas alteraciones afectan al mecanismo de la visión:

La miopía es la dificultad para ver de lejos, la hipermetropía dificulta ver de cerca y el astigmatismo es la visión borrosa y distorsionada.

Otras veces, los ojos se inflaman y provocan legañas, conjuntivitis, etc.

Cuida tus ojos

- ✔ Lee en lugares bien iluminados.
- ✔ No mires directamente al Sol ni a fuentes de luz intensa.
- ✔ Si usas gafas, no olvides ponértelas siempre que sea necesario y, en verano, utiliza gafas de sol.
- ✔ Cuando veas la televisión, sitúate a unos tres metros de la pantalla.
- ✔ Visita al oftalmólogo una vez al año.

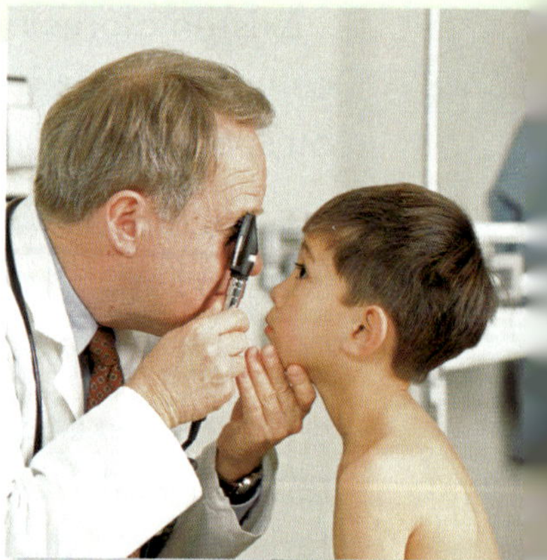

Los oídos

Las alteraciones principales del oído son las otitis (infección del oído medio) y la sordera.

Las causas de la sordera son muy numerosas. La sordera puede ser de nacimiento o adquirida al haber estado sometido durante muchos años a un ruido intenso.

Cuida tus oídos

- ✔ Seca bien tus oídos después de ducharte o bañarte para que no quede agua dentro.
- ✔ No sometas a tus oídos a sonidos muy fuertes.
- ✔ No introduzcas en los oídos ninguna clase de objetos.
- ✔ Visita al otorrinolaringólogo una vez al año.

...cuidados de los órganos de los sentidos

Los órganos de los sentidos nos permiten relacionarnos con las personas y con nuestro entorno físico, por ello debemos cuidarlos para que siempre funcionen correctamente.

La lengua

Como ya sabes, la lengua ayuda a saborear la comida, a tragar y a masticar.

A veces, la lengua cambia de color se pone blanquecina, casi siempre es debido a una alimentación poco saludable.

Cuida tu lengua

- ✔ No comas alimentos ni bebidas muy calientes, para evitar quemaduras en la lengua.
- ✔ Evita comer alimentos muy salados o muy dulces porque afectan las papilas gustativas alterando la percepción de los sabores.
- ✔ Cuando te cepilles los dientes, enjuágate bien la boca para que la lengua quede bien limpia.

La nariz

La nariz además de ser el órgano del olfato es la encargada de filtrar el aire que respiramos para que llegue limpio a los pulmones.

Un resfriado puede inflamar el interior de la nariz y hacer disminuir el sentido del olfato o dificultar la respiración.

Cuida tu nariz

- ✔ Mantén la nariz limpia: suénate suavemente con el pañuelo para no irritar las fosas nasales.
- ✔ No te expongas a olores muy fuertes durante mucho tiempo.
- ✔ No te metas los dedos en la nariz, ni introduzcas ningún objeto por la nariz.

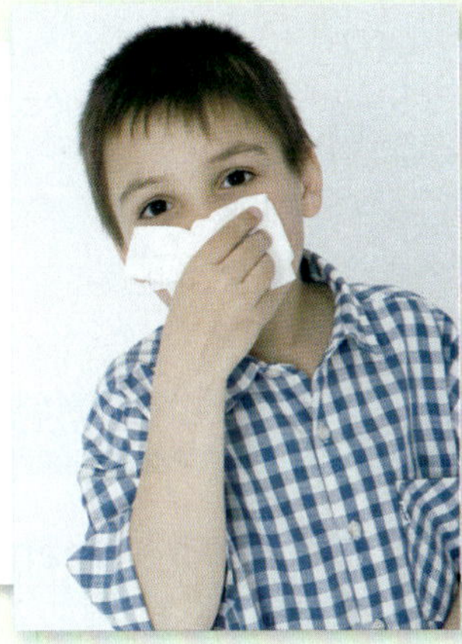

1. Relaciona:

   astigmatismo   miopía   hipermetropía

   – Se ve mal de lejos.
   – Se ve borroso.
   – Se ve mal de cerca.
   – Se ve la imagen distorsionada.

2. ¿Qué relación hay entre la alimentación y el color blanquecino de la lengua?

3. Fíjate en esta foto, ¿es correcto lo que está haciendo el niño? ¿Por qué?

Aprendiz de científic@

Las articulaciones

Las partes del cuerpo donde se juntan dos o más huesos se denominan articulaciones.

Gracias a las articulaciones y a los músculos podemos realizar muchos movimientos, como doblar el pie, flexionar el brazo o girar la cabeza.

DOC. 1 Cómo es una articulación

Las radiografías nos permiten ver con detalle las articulaciones.

Observa esta radiografía. En ella se aprecian las articulaciones de los dedos de la mano y las articulaciones de la muñeca, que unen la mano con el antebrazo.

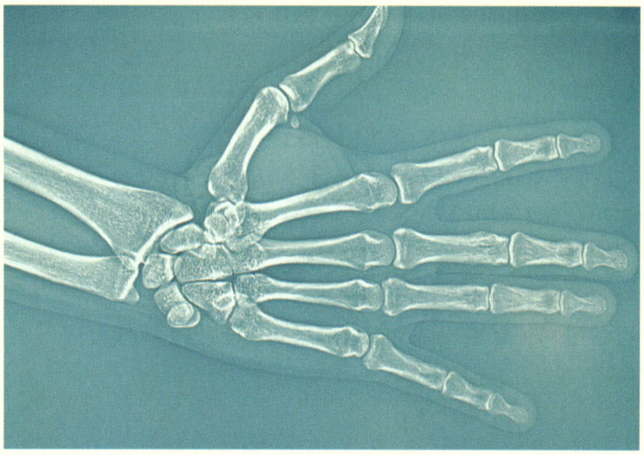

1. ¿Qué huesos conoces de esta radiografía?
2. ¿Cuántas articulaciones observas en ella?

DOC. 2 Tipos de articulaciones

En el cuerpo humano existen tres tipos de articulaciones:

Articulación móvil

Permite que los huesos realicen movimientos amplios.

En el codo, por ejemplo, se articulan los huesos del brazo y del antebrazo, por eso el codo tiene gran movilidad.

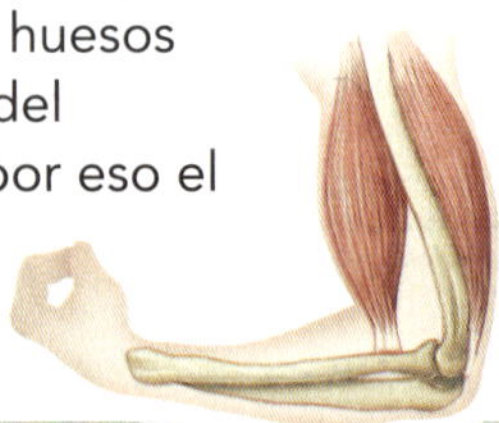

Articulación semimóvil

Permite que los huesos realicen movimientos pequeños.

Los movimientos pequeños de cada vértebra, por ejemplo, nos permiten mover toda la columna vertebral.

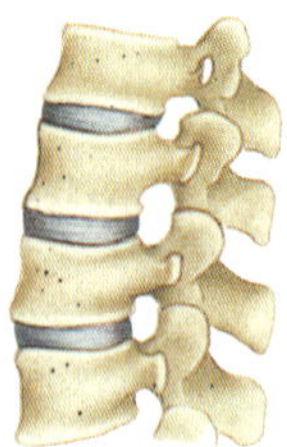

Articulación fija

Impide que los huesos se muevan.

En el cráneo, por ejemplo, los huesos están unidos por articulaciones fijas, que no permiten el movimiento.

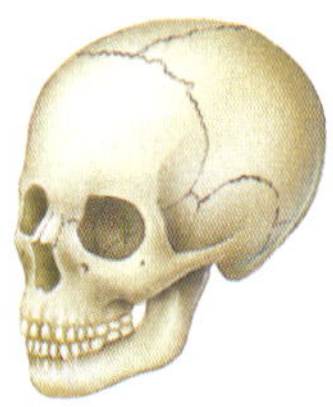

3. ¿Qué diferencia hay entre los distintos tipos de articulaciones?
4. ¿Qué sucedería si articulaciones como el codo o la rodilla fueran fijas?

Practica...

Cómo construir dos marionetas

Mediante la construcción de dos marionetas podrás conocer algunas articulaciones de nuestro cuerpo y experimentar con ellas para ver el movimiento que realizan.

Material

- Una cartulina grande.
- Tijeras.
- 14 encuadernadores de latón.
- Rotuladores.

Procedimiento

1. Recorta la cartulina en 16 fragmentos rectangulares que te servirán para hacer los brazos y las piernas.
2. Recorta un fragmento más grande para representar el tronco y la cabeza de frente, y otro fragmento para representarlos de perfil.
3. Dibuja los rasgos de la cara de las dos marionetas con los rotuladores.
4. Utiliza los encuadernadores de latón para unir los brazos y las piernas.

   Para colocar bien los encuadernadores puedes guiarte de los modelos de marioneta de esta página.
5. Mueve los brazos y las piernas de una y otra marioneta, y fíjate con atención en cómo se mueven las articulaciones de cada encuadernador.
6. Fíjate bien en que la marioneta de cara solo puede alejar o acercar las piernas, mientras que la marioneta de perfil solo puede moverse hacia delante y hacia atrás.
7. Completa la tabla siguiente en tu cuaderno marcando con una ✗ cuando se mueve la articulación de la marioneta en el mismo sentido que la de tu cuerpo:

	ARTICULACIONES			
	Hombro	Codo	Cadera	Rodilla
Marioneta de cara	...	...	...	...
Marioneta de perfil	...	...	...	...

MARIONETA DE CARA

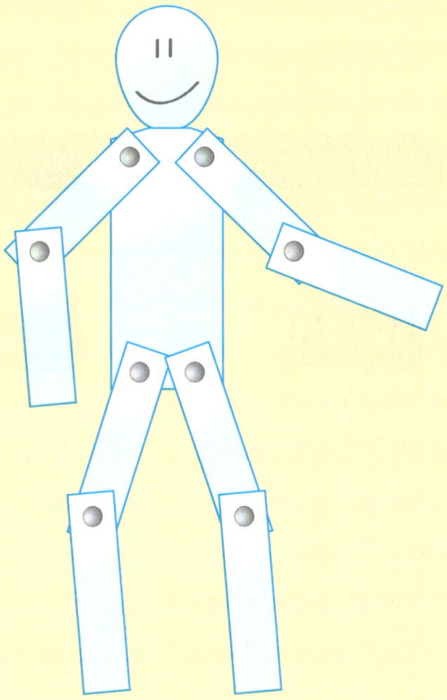

MARIONETA DE PERFIL

Repaso lo aprendido

1. **Copia este mapa conceptual en tu cuaderno.**

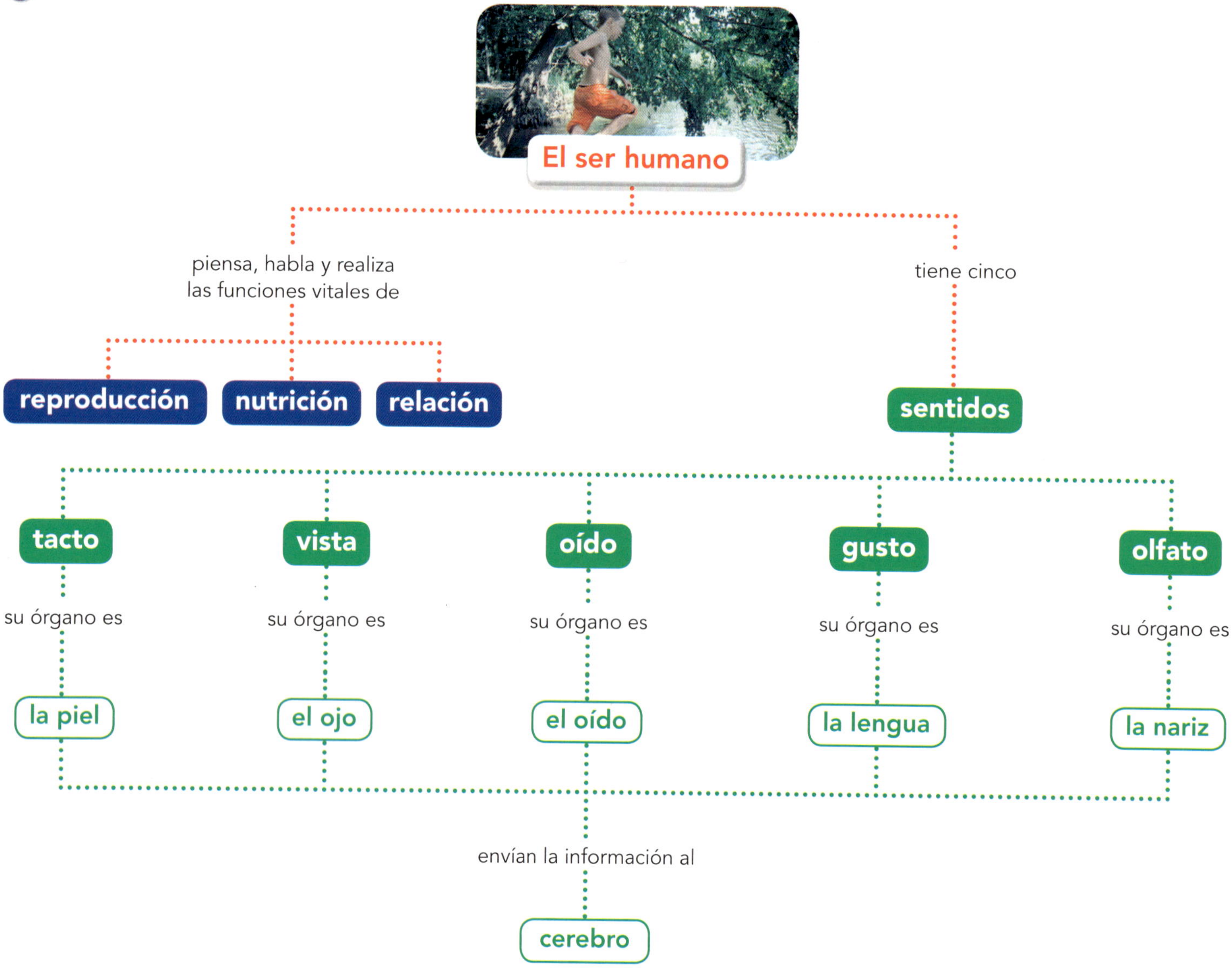

2. **Copia y completa en tu cuaderno.**

- El ser humano tiene dos capacidades propias: ... y hablar.
- El cuerpo humano está dividido en ..., tronco y ... .
- Las funciones vitales son la función de ..., la función de ... y la función de relación.
- Tenemos cinco sentidos: el ..., el ..., el ..., el ... y la ... .
- Los ... de los sentidos son los encargados de percibir la ... del exterior y enviarla al ... .
- Con el sentido del ... percibimos la forma y la temperatura de los objetos.
- Las terminaciones ..., que se encuentran en la piel, envian la información al ... .
- Los ojos son los órganos de la ...; con ellos vemos las imágenes.
- Con el ... percibimos los sonidos.
- El sentido del gusto se halla en la ... y el del ..., en la nariz. Con el primero percibimos sabores, con el segundo ... .

3. Observa una imagen.

Joaquín Sorolla Bastida (1863-1923) fue un pintor valenciano conocido por representar escenas cotidianas, muchas de ellas relacionadas con el mar. Su interés principal era plasmar la luz.

Observa uno de estos cuadros y responde a las preguntas en tu cuaderno:

a. ¿Qué sensaciones piensas que tienen las niñas de la pintura? ¿Con qué órganos de los sentidos las relacionas?

b. Nombra las partes del cuerpo de la niña más pequeña.

c. ¿Crees que Sorolla había estudiado previamente el cuerpo humano para poder dibujar este cuadro? Razona la respuesta.

d. Busca otras obras de Sorolla en las que se muestre el cuerpo humano y rostros que expresen emociones, como la alegría, la tristeza, la ternura....

e. ¿Cómo te imaginas los rasgos individuales, como el color de los ojos o el tamaño de la boca, de estas dos niñas? Haz un dibujo que lo represente. ¿Coincide con la idea del resto de tus compañeros? Dialogad en grupo razonando vuestras respuestas.

Joaquín SOROLLA: *Valencia, dos niñas en la playa*, 1904.

JUGANDO TAMBIÉN SE APRENDE

4. ¿Quién no debe estar ahí?

Copia cada serie en tu cuaderno y señala en cada caso la palabra que no esté relacionada con las demás:

cabeza	tronco	gusto	extremidades
reproducción	relación	tímpano	nutrición
córnea	pupila	pituitaria	retina

5. Adivina, adivinanza.

Mucha o poca, larga o corta,
ponte las gafas que a nadie le importa.

Dos niñas van a la par
y no se pueden mirar.

2 La alimentación

En este tema descubrirás:

- Cómo es el aparato digestivo y qué ocurre durante la digestión.
- Que los alimentos contienen sustancias que el cuerpo necesita.
- Cuáles son los grupos de alimentos y qué nutrientes aportan.
- Cómo llevar una dieta equilibrada.
- Cómo deben conservarse y envasarse los alimentos.

1. ¿Qué comen estos niños? ¿Es un alimento saludable? ¿Qué les aporta?
2. Busca en Internet una receta con tu fruta preferida y explícala en clase.

Alambrito

Había una vez un niño muy pálido llamado Renato. Sus papás estaban muy preocupados porque no quería comer. Prefería jugar con su pelota, decía que la comida estaba fría o que no le gustaba su color. Siempre encontraba una excusa para no comer.

Como Renato adelgazaba más y más, sus amigos empezaron a llamarlo Alambrito.

Una mañana, camino del colegio, un golpe de viento lo empujó y su ropa se abrió como la vela de un barco. El niño salió volando igual que una cometa.

–¡Mamá, mamá! –gritaba, cada vez más alto y más lejos.

Su madre cogió una piedra del camino, le ató una cuerda y la lanzó al aire. La cuerda se enredó en la pierna de Alambrito y su madre tiró de ella como si bajara una cometa.

Desde entonces, el niño empezó a comer de todo. Sus mejillas volvieron a ser rosadas como manzanas, y sus brazos y piernas ya no se veían flacos como cañas. Renato se volvió fuerte como un roble.

Alambrito (adaptación).
En *Cuentos infantiles para la alimentación de los niños*,
mikinder.blogspot.com

Lee y comprende

3. ¿Por qué están preocupados los padres de Renato?
4. ¿Por qué crees que sus amigos le llaman Alambrito? ¿A qué se debe de parecer?
5. ¿Cómo se vuelve Alambrito al final de la historia? Imagina cómo debía de ser su vida cuando no comía y cómo cambia cuando decide comer.

Exprésate con tus palabras

6. ¿Tú también has buscado alguna vez excusas para no comer? ¿Qué excusa has dado?
7. Imagina que tienes un amigo que no quiere comer. Escribe tres buenas razones para que cambie de idea.

1 La digestión y el aparato digestivo

La digestión es el proceso que nos permite extraer de los alimentos que tomamos los nutrientes que nuestro cuerpo necesita. Se produce en el aparato digestivo.

1 El aparato digestivo

El **aparato digestivo** es el conjunto de órganos de nuestro cuerpo que interviene en la digestión.

Está formado por el **tubo digestivo** y dos órganos anexos: el **hígado** y el **páncreas** que fabrican jugos digestivos.

1. ¿Qué función tiene el aparato digestivo?
2. ¿Qué dos órganos forman parte de este aparato pero no constituyen el tubo digestivo? ¿Qué función realizan?

2 El tubo digestivo

El **tubo digestivo** es la parte del cuerpo humano donde se produce la digestión de los alimentos.

El tubo digestivo está formado por: la **boca**, la **faringe**, el **esófago**, el **estómago**, el **intestino delgado**, el **intestino grueso** y el **ano**.

3. ¿Qué es el tubo digestivo? ¿De qué partes u órganos está compuesto?

EL APARATO DIGESTIVO

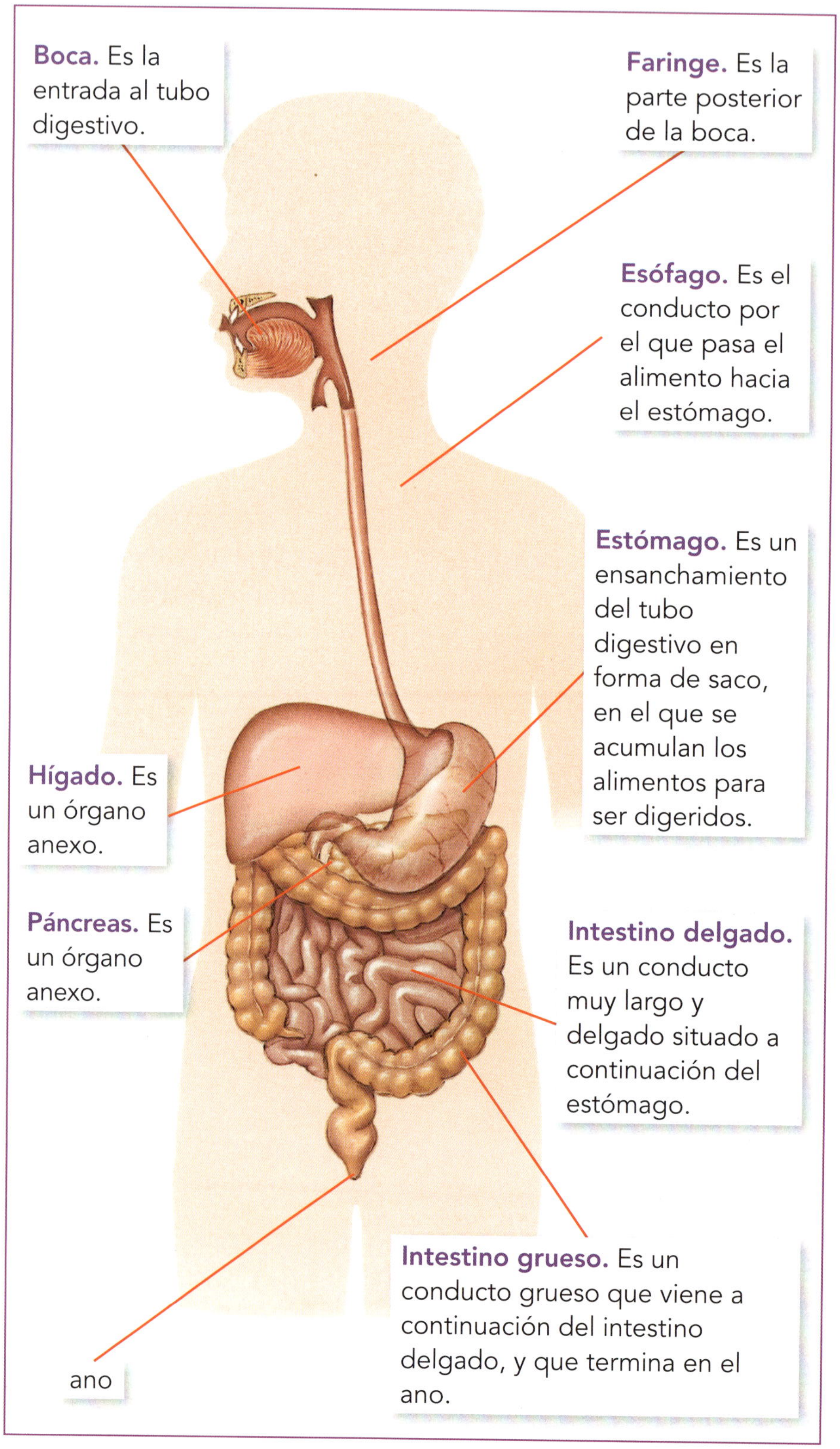

3 Qué ocurre durante la digestión

Los alimentos deben experimentar unos cambios desde que entran por la boca hasta que sus restos son expulsados por el ano. Estos cambios se producen durante la **digestión** en diferentes fases.

En la **boca**, los dientes trituran los alimentos, estos se mezclan con la saliva y forman el **bolo alimenticio**.

El bolo alimenticio pasa a la **faringe** y, de aquí, al **esófago**, a través del cual llega al estómago.

En el **estómago**, el bolo se mezcla con los **jugos gástricos** del estómago. Estos jugos ayudan a convertir el alimento en una papilla.

La papilla pasa al **intestino delgado**, donde se mezcla con los jugos segregados por el páncreas, el hígado y el propio intestino, y se convierte en un líquido formado por nutrientes.

En el intestino delgado, los nutrientes son absorbidos por su pared y pasan a la sangre.

Al **intestino grueso** llegan los restos de los alimentos que no han sido absorbidos. Aquí se convierten en las heces, que se expulsarán a través del ano.

En el intestino grueso se absorbe parte del agua que bebemos, o que contienen los alimentos.

FASES DE LA DIGESTIÓN

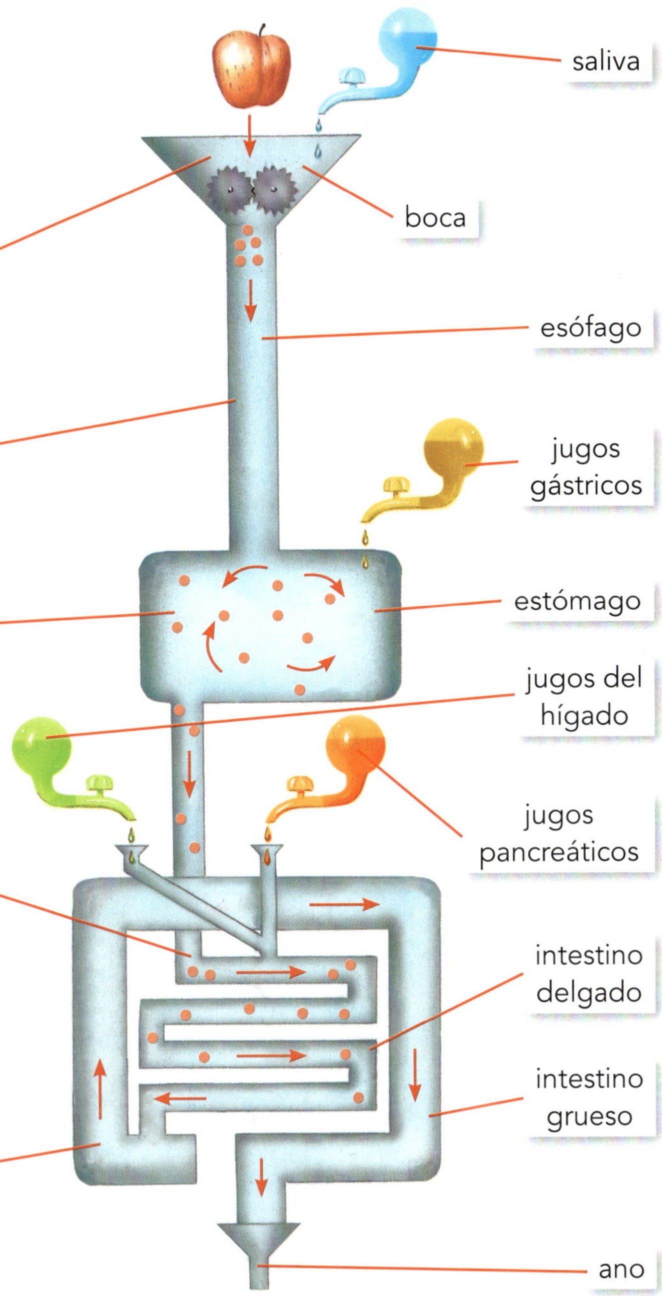

4. Elabora una tabla: en la primera columna, escribe las partes que forman el aparato digestivo, y en la segunda, la función que realizan.

5. Copia la silueta del esquema de la digestión y escribe el nombre de las partes del aparato digestivo donde correspondan.

6. ¿Qué jugos se incorporan al proceso digestivo? ¿Por qué están representados en el esquema con unos grifos?

7. ¿Qué significa *absorber*? ¿En qué partes del tubo digestivo se absorben los nutrientes? ¿Y el agua?

2 La alimentación y los nutrientes

1 ¿Qué comemos?

Ya sabes que todos los seres vivos necesitamos alimentarnos para vivir.

Los **alimentos** son todo aquello que comemos y que nos permite estar sanos, crecer y realizar actividades como correr, jugar, leer o estudiar.

Sin embargo, no todas las personas necesitan tomar ni el mismo tipo de alimentos ni en la misma cantidad; esto depende de la edad de la persona y del ejercicio físico que realice.

1. ¿Por qué necesitamos alimentarnos?
2. ¿De qué depende el tipo y la cantidad de alimentos que una persona necesita tomar?

El deportista se entrena y gasta mucha energía; por tanto, necesita más alimento que una persona que hace menos ejercicio.

2 El origen de los alimentos

Los alimentos que tomamos al cabo del día tienen distintos orígenes: **animal**, **vegetal** o **mineral**.

De origen animal

Provienen de los animales. Son la carne, el pescado, la leche y los huevos.

De origen vegetal

Provienen de las plantas, como la fruta, la verdura y las legumbres.

De origen mineral

Solamente ingerimos dos alimentos de este origen: el agua y la sal.

3. @ Escribe el nombre de cinco alimentos de origen animal y cinco de origen vegetal. Indica de qué animal o planta provienen. Puedes ayudarte buscando la información en Internet.

3 Las sustancias nutritivas o nutrientes

Los alimentos nos aportan las **sustancias nutritivas**, o **nutrientes**, que nuestro cuerpo necesita para funcionar.

Hay **seis** clases de nutrientes que sirven para:

- Proporcionar energía.
- Regular el funcionamiento del cuerpo.
- Crecer.

Ningún alimento contiene todos los nutrientes que el cuerpo necesita, por ello nuestra alimentación debe ser variada.

4. ¿Qué son las sustancias nutritivas o nutrientes?

5. ¿Comiendo solo fruta obtenemos todos los nutrientes que el cuerpo necesita? ¿Por qué?

Agua

Es fundamental en todos los procesos de nuestro cuerpo.

Puede ser del grifo o mineral.

Hidratos de carbono

Nos dan energía.

Se encuentran en la pasta, el pan, el arroz...

Vitaminas y minerales

Permiten un buen funcionamiento del cuerpo.

Están en la fruta, la verdura...

Proteínas

Se necesitan para el crecimiento del cuerpo.

Provienen de la carne, la leche...

Grasas

Nos aportan mucha energía.

Están en el aceite, la mantequilla o la nata.

6. Elabora una tabla como la siguiente en tu cuaderno y complétala:

Nutriente	Función	Alimentos
proteínas	...	...
grasas	...	...
...	...	...

7. Pregunta a tus padres cómo era tu alimentación cuando eras bebé. ¿Qué tomabas durante los tres primeros meses de vida? ¿Cuántas veces al día? ¿Qué nutrientes te aportaba?
Redacta un texto sobre cómo ha cambiado tu alimentación.

VOCABULARIO

Alimento: conjunto de sustancias que un ser vivo come o bebe para poder vivir.

Hidratos de carbono: nutrientes fabricados por las plantas, generalmente de sabor dulce, que nos proporcionan energía.

3 Descubro...

Dónde están los nutrientes

Los alimentos se clasifican en **seis grupos**, según los nutrientes que contienen en mayor cantidad.

El agua, las vitaminas y los minerales están presentes en casi todos los alimentos.

No olvides beber agua. Aunque no te apetezca beber, tu cuerpo necesita agua.

1 Cereales, legumbres y patatas

El pan, la pasta, el arroz, las legumbres y las patatas nos aportan energía, principalmente a partir de los **hidratos de carbono** que contienen.

El pan y la pasta se elaboran con cereales, como el trigo y el centeno.

Los garbanzos, las lentejas, las alubias, la soja y los guisantes son legumbres, ricas en proteínas vegetales.

2 Verduras

Contienen mucha **agua** y gran cantidad de **vitaminas** y **minerales**. Nos ayudan a prevenir enfermedades.

También contienen **fibra**, que ayuda al buen funcionamiento del aparato digestivo.

La col y el brócoli contienen mucho calcio y potasio.

3 Frutas

Nos proporcionan mucha **agua**, **vitaminas**, **minerales** y **fibra**, como las verduras, y también **hidratos de carbono** (azúcar).

Los cítricos, como naranjas, mandarinas y limones, contienen mucha vitamina C.

4 Leche y derivados

La leche, el queso y el yogur son alimentos ricos en **proteínas** y **calcio**. También contienen **grasas**.

Son necesarios para el crecimiento y el fortalecimiento de los huesos y para mantener los dientes sanos.

5 Carne, pescado y huevos

Son alimentos muy ricos en **proteínas**. También suelen contener grasas.

Son necesarios para el desarrollo de los músculos.

6 Mantequilla, aceites y embutidos

Son alimentos muy ricos en **grasas**. Nos aportan mucha energía, pero debemos consumirlos con moderación.

Las grasas de **origen vegetal**, como las del aceite de oliva, son más saludables que las grasas de **origen animal**, como las de los embutidos o la mantequilla.

Algunos alimentos, como los frutos secos, contienen muchos nutrientes: proteínas vegetales, grasas de origen vegetal, minerales, vitaminas, fibra...

Otros, como la bollería industrial o los aperitivos de bolsa, no aportan casi nutrientes, solo grasas de mala calidad.

1. ¿Qué grupos de alimentos son de origen vegetal? ¿Qué grupos son de origen animal?
2. ¿Qué alimentos contienen proteínas vegetales? ¿Y proteínas animales?
3. Explica la diferencia entre las grasas del aceite de oliva, del chorizo y de las patatas de bolsa.
4. Indica en tu cuaderno a qué grupo pertenece cada uno de los siguientes alimentos:
   - coliflor
   - espaguetis
   - garbanzos
   - hamburguesa
   - salchichón
   - sardina
   - yogur
   - manzana
   - arroz

   ¿Qué nutrientes contienen? ¿Para qué son necesarios?

4 Una dieta sana

1 ¿Qué es la dieta?

La **dieta** es el conjunto de alimentos que tomamos durante el día.

Para que nuestra dieta sea **equilibrada** debemos comer alimentos de todos los grupos y en las cantidades adecuadas.

1. ¿Qué es la dieta?
2. ¿Qué características tiene una dieta equilibrada?

exploradordigital
Cómo elaborar una dieta equilibrada
www.tiching.com/404230

2 Las comidas diarias

A lo largo del día debemos realizar cuatro comidas principales: **desayuno**, **almuerzo**, **merienda** y **cena**. También es recomendable comer algo a media mañana.

El desayuno es una de las comidas más importantes, pues nos aporta la energía necesaria para empezar la jornada y realizar las actividades escolares.

En la cena conviene comer alimentos diferentes de los del almuerzo y que sean fáciles de digerir, para poder dormir mejor.

Hay que comer despacio para que el cuerpo aproveche todos los nutrientes de los alimentos.

Ejemplo de dieta equilibrada para un niño o niña de 8-12 años.

3. ¿Cuáles son las principales comidas diarias?
4. Indica los alimentos que figuran en cada comida diaria. ¿Por qué es una dieta equilibrada?
5. ¿En qué comidas hay más hidratos de carbono? ¿Por qué no te puedes saltar el desayuno?
6. ¿Qué sueles comer a media mañana en el colegio?
7. Explica en qué consiste la dieta mediterránea.

La dieta mediterránea

La alimentación tradicional de los países mediterráneos es muy saludable porque ayuda a prevenir muchas enfermedades.

En la dieta mediterránea predominan la fruta y la verdura frescas, los cereales, el pescado, las legumbres y el aceite de oliva, sobre el consumo de carne y de grasas.

En la pirámide de la alimentación sana están representados los alimentos que tenemos que consumir cada día y cuántas veces, y los que solo hay que consumir de vez en cuando.

8. ¿Por qué representamos los alimentos en un esquema en forma de pirámide? ¿Cómo se distribuyen?

9. Nombra alimentos de consumo ocasional. ¿Por qué no se deben consumir cada día?

10. Haz una lista con los alimentos que comiste ayer y las raciones aproximadas. Compárala con la de tus compañeros, y entre todos pensad qué debéis cambiar para que vuestra dieta sea más equilibrada.

5 Descubro...

La conservación y...

Los alimentos que consumimos deben estar en perfectas condiciones.

Algunos, como la fruta, el pescado o los huevos, se consumen frescos, es decir, llegan directamente al mercado sin que hayan sufrido ninguna transformación. Por ello, son los más saludables.

Otros alimentos se manipulan antes de ser consumidos para que duren más tiempo sin estropearse. Para ello, se utilizan distintas técnicas de conservación.

Los alimentos frescos contienen más vitaminas, fibra y minerales que los alimentos manipulados.

Congelación

Se someten los alimentos a temperaturas bajo 0 para que no se deterioren. Se congelan la carne, el pescado y algunas verduras.

Secado

Se extrae el agua de los alimentos para evitar que se pudran. Los garbanzos y las lentejas que comemos son legumbres secas.

En aceite o vinagre

Si se sumergen los alimentos en aceite o entran en contacto con la acidez del vinagre impedimos que se estropeen. Es el caso del atún y de algunas verduras como los pepinillos.

Salazón

Se cubren los alimentos con sal durante un cierto tiempo para que pierdan el agua; así se conservan el bacalao y las anchoas.

... el envasado de los alimentos

La mayoría de los alimentos se venden envasados.

El envasado es muy importante para que los alimentos nos lleguen en buenas condiciones.

Los envases pueden ser de vidrio, de plástico, de cartón o de metal.

En las etiquetas de todos los alimentos envasados deben constar los ingredientes que se han utilizado para su elaboración y la fecha de caducidad o de consumo preferente.

Fecha de caducidad

Indica cuándo el producto ya no debe consumirse. Antes de comer un alimento, comprueba siempre su fecha de caducidad en el envase.

Ingredientes

Es obligatorio que en las etiquetas de los envases figuren los ingredientes que contiene el alimento. También pueden indicar los nutrientes que aporta.

La **higiene** también es importante a la hora de manipular los alimentos y consumirlos:

- Lava los alimentos crudos, como la fruta y la verdura, con agua abundante.
- Lávate las manos antes de comer.
- Utiliza cubiertos y recipientes limpios.

1. ¿Qué productos se consumen frescos?
2. ¿Qué métodos se utilizan para conservar los alimentos? ¿En qué consisten?
3. Elige dos alimentos envasados que tengas en tu casa. Observa el envase y responde:
   - ¿Cómo es el envase?
   - ¿Lleva información sobre sus nutrientes? Indica si el alimento es saludable y explica por qué.
   - Localiza la fecha de caducidad o de consumo preferente. Averigua en qué se diferencian.

Aprendiz de científic@

Las grasas

Los alimentos ricos en grasas y en azúcar nos aportan mucha energía, pero si comemos demasiados, engordamos. Esto ocurre porque la energía obtenida es mayor que la energía que gastamos, y entonces se acumula en nuestro cuerpo en forma de grasa.

El exceso de grasa en el cuerpo no es bueno para nuestra salud.

DOC. 1 Guía para estar sano y mantenerse en forma

- Lleva una dieta saludable y variada.
- No piques entre las comidas.
- Come cada día verduras y frutas.
- Come despacio y mastica bien.

- Limita el consumo de grasas malas (bollería...) y de alimentos fritos.
- Solo en ocasiones especiales toma dulces y bebidas azucaradas.

- Haz ejercicio regularmente.
- Practica algún deporte o baila.

1. Repasa las normas y escribe las que cumples y las que no. ¿Crees que haces lo posible para estar en forma?
2. Analizad en clase un anuncio de bebida azucarada o de aperitivo de bolsa. ¿Lo presentan como un alimento saludable?

DOC. 2 Grasas saludables

Como todas las frutas, el aguacate contiene mucha agua, vitaminas, minerales y fibra. Pero a diferencia de las demás, contiene muchas grasas como las del aceite de oliva.

3. ¿Por qué son saludables las grasas del aguacate? Busca información.
4. Busca una receta para prepararlo.

DOC. 3 El exceso de grasa y la salud

El exceso de grasa en el cuerpo se denomina **sobrepeso**, si es leve, y **obesidad**, si es muy acusado.

Las personas que tienen exceso de grasa en el cuerpo pueden sufrir más problemas de salud que las que tienen un peso adecuado. Se cansan antes y tienen dificultades para respirar, dormir bien y moverse. Algunas partes de su cuerpo sufren, como el corazón, la columna vertebral y las articulaciones.

5. ¿Qué problemas puede ocasionar la obesidad?

Practica...

Cómo identificar la presencia de grasas

Con la siguiente práctica podemos detectar la presencia de grasas en los alimentos y, en el caso de que contengan mucha cantidad, evitar su consumo excesivo.

Material

- Galletas, pipas de girasol, mantequilla, mandarina, aguacate y carne cocida.
- Mortero para moler o cuchillo para trocear.
- Una hoja de papel secante o papel absorbente.
- Lápiz para rotular las muestras.
- Cuchara o espátula.

Procedimiento

1. Toma las muestras de alimentos y redúcelas a trozos pequeños (1).

   Coloca las muestras troceadas sobre el papel secante y escribe el nombre de cada alimento (2).

   Presiona los alimentos con el dorso de una cuchara de modo que se impregne el papel (3).
2. Retira las muestras de comida y espera unos minutos para permitir que se sequen las marcas dejadas en el papel.
3. Observa el papel al trasluz (4). La mancha traslúcida que queda cuando el papel está seco indica que hay sustancias grasas.

   La intensidad y el tamaño de dicha mancha nos da una idea de la cantidad de sustancias grasas que contiene el alimento.
4. Anota en tu cuaderno los alimentos que son más grasos y compara tus resultados con los de tus compañeros.
5. Elaborad una lista de alimentos grasos que deben consumirse en poca cantidad o evitarse. Tened en cuenta su origen, si es animal o vegetal, y valorad la calidad de sus nutrientes.
6. Confirmad y ampliad vuestra lista de alimentos grasos con la ayuda de Internet.

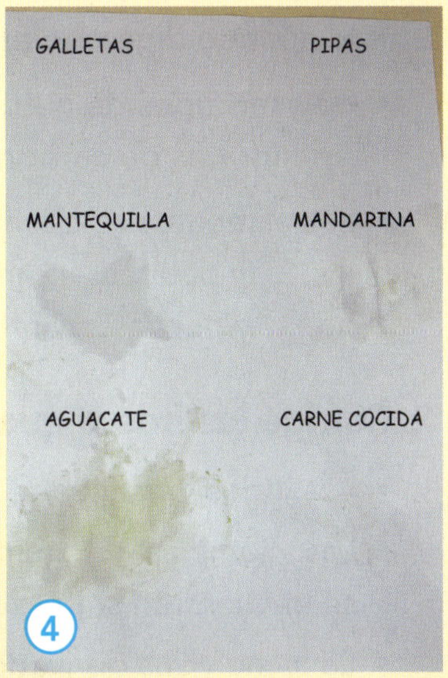

Repaso lo aprendido

1. **Copia este mapa conceptual en tu cuaderno.**

Los alimentos

- son de **origen**
  - animal
  - vegetal
  - mineral
- contienen **nutrientes**
  - hidratos de carbono
  - proteínas
  - vitaminas
  - grasas
  - agua
  - minerales
- se clasifican en **grupos**
  - cereales, legumbres y patatas
  - verduras
  - frutas
  - leche y derivados
  - carne, pescado y huevos
  - mantequilla, aceites y embutidos
- se digieren en el **aparato digestivo**
  - que consta de
    - tubo digestivo
    - hígado
    - páncreas

2. **Copia y completa en tu cuaderno.**

- El aparato digestivo está formado por ..., ... y ... .
- Hay seis tipos de nutrientes: agua, ..., vitaminas, ..., hidratos de carbono y ... .
- Los alimentos se clasifican en seis grupos: cereales, ... y patatas; ...; frutas ; ... y derivados; carne, ... y huevos; mantequilla, ... y embutidos.
- Los ... sirven para proporcionar energía, ... y regular el cuerpo.
- Una dieta ... es la que contiene alimentos de todos los grupos en cantidades adecuadas.
- La fecha de ... de un alimento envasado nos indica cuándo ya no debe consumirse.

3. **Corrige las frases que son falsas.**

- Los jugos gástricos se forman en el páncreas.
- Las vitaminas y los minerales son nutrientes que se encuentran sobre todo en frutas y verduras.
- La leche y sus derivados son ricos en fibra.
- En la dieta mediterránea predominan los alimentos grasos sobre el consumo de frutas y verduras.
- El proceso de congelación se utiliza con la carne, el pescado y algunas verduras.

4. Lee el texto, observa la imagen y contesta.

La rueda alimentaria es una herramienta similar a la pirámide de los alimentos. Contiene los alimentos de todos los grupos y nos puede ayudar a elaborar menús sanos.

Los tres colores de la rueda indican las funciones de los alimentos según los nutrientes que contienen en mayor cantidad: los que dan energía, los que regulan el cuerpo y los que ayudan al crecimiento.

La rueda se divide en seis sectores; los más grandes contienen alimentos que han de consumirse en mayor cantidad.

Los alimentos representados en tamaño grande son de consumo diario; los alimentos que están en tamaño reducido son de consumo moderado.

Sociedad Española de Dietética y Ciencias de la Alimentación, 2007.

a. Haz una tabla de tres columnas equivalentes a los colores de la rueda alimentaria y escribe los alimentos según su función.

b. ¿Qué está representado en el centro de la rueda? ¿Por qué?

c. Fíjate en los alimentos de los tres sectores más grandes. En una dieta saludable, ¿qué alimentos deben consumirse en mayor cantidad? ¿Por qué?

d. Busca los alimentos ricos en grasas. ¿Por qué no debemos abusar de ellos?

e. Elige un alimento que consideres adecuado si tienes que hacer deporte. ¿A qué sector de la rueda pertenece? Forma un grupo con los alumnos que hayan elegido un alimento del mismo sector y explicad a los demás por qué lo habéis elegido. Luego, estableced un debate sobre qué alimento sería el más adecuado.

JUGANDO TAMBIÉN SE APRENDE

5. Sopa de letras.

Busca tres métodos de conservación de los alimentos y escribe las palabras en tu cuaderno.

K	J	I	N	S	F	E	S	C	I	K
C	O	N	G	E	L	A	C	I	O	N
S	N	I	M	C	A	O	I	H	Y	M
E	N	A	S	A	L	A	Z	O	N	A
C	F	I	O	D	N	F	G	H	J	N
A	H	S	N	O	G	T	E	S	O	I

6. ¿Qué palabras se esconden?

Ordena las sílabas que tienes a continuación y construye cinco palabras relacionadas con la alimentación.

nas les sas nas gua

mi pro a ta í

ne te vi gra mi ra

3 Los animales. Vertebrados e invertebrados

En este tema descubrirás:

- Las características de los vertebrados e invertebrados.
- Cuáles son los grupos de vertebrados e invertebrados.
- Cómo clasificar los animales.

1. Describe el animal de la fotografía. ¿Qué lleva en el pico? ¿A dónde se dirige?
2. Consulta en el *Explorador@ digital* de dónde proviene su nombre y escucha su canto.

explorador@digital

La abubilla

www.tiching.com/683762

¿Qué cosas sabes de los animales?

Una víbora pone huevos,
al cangrejo le está estrecho el traje.
La merluza come gambas,
el lobo cambia el pelaje,
la araña teje y reteje,
la hormiga guarda en la nave,
la trucha baila en el río,
el mirlo nada el aire,
el burro bebe en la fuente,
la tórtola en el pescante,
el estornino en el pozo,
el murciélago en la sangre,
en la acequia bebe el niño,
en la ciencia el estudiante,
en la laguna la oca
y la vaca en el estanque;
que todo el que vive bebe
y todo el que vuela vale;
–el pájaro carpintero,
el pavo de real plumaje,
la abubilla con su moño,
el pingüino con su traje–. [...]

Gloria FUERTES: *Preguntas y respuestas*.
Madrid, Susaeta,1998.

Lee y comprende

3. Clasifica los animales del poema en vertebrados e invertebrados. Entre los animales vertebrados, señala los mamíferos, las aves, los peces y los reptiles.
4. Explica el verso "que todo el que vive bebe".

Exprésate con tus palabras

5. Inventa tres versos con otros animales y sus características.

1 Los animales invertebrados

Los animales se clasifican en invertebrados o vertebrados, según posean columna vertebral o no.

1 Características de los invertebrados

El aspecto físico de los invertebrados varía mucho de unos animales a otros; los hay con el cuerpo blando, con patas, alargados o con caparazón. Unos viven en el agua, otros bajo tierra y otros pueden volar.

Entre los invertebrados, los hay **carnívoros** como la araña, **herbívoros** como el saltamontes y **omnívoros** como la mosca. Sin embargo, **todos** son **ovíparos**.

1. ¿Qué característica común tienen todos los animales invertebrados?
2. Haz una lista de los animales invertebrados que conozcas.
3. Compara el tamaño del cuerpo de los invertebrados y los vertebrados. ¿A qué crees que se debe la diferencia?

2 Los grupos de invertebrados

Hay muchos y diferentes grupos de animales invertebrados. Los principales son los **anélidos**, los **moluscos** y los **artrópodos**.

Anélidos

Tienen el cuerpo blando y dividido en anillos, como la lombriz y la sanguijuela.

Moluscos

Son animales de cuerpo blando. Casi todos tienen el cuerpo protegido por una concha, como el caracol y el mejillón, aunque algunos, como el pulpo, no la tienen.

Artrópodos

Tienen el cuerpo recubierto de una especie de caparazón y poseen patas articuladas.

Son artrópodos los **insectos**, como el mosquito; los **arácnidos**, como la araña; los **crustáceos**, como las gambas, y los **miriápodos**, como el ciempiés.

4. ¿Cuáles son los principales grupos de invertebrados?
5. Observa las imágenes y responde: ¿en qué se diferencian las conchas del caracol y del mejillón?

3 Los insectos

Los **insectos** pertenecen al grupo de los **artrópodos**. Son los animales más numerosos de nuestro planeta.

Viven en casi todos los lugares posibles y muchos se han adaptado a vivir en las ciudades.

El cuerpo de los insectos está dividido en **cabeza**, **tórax** y **abdomen**.

Todos tienen **seis patas** y **dos antenas**. La mayoría tienen alas, aunque algunos como las hormigas no tienen.

Las moscas tienen el sentido del gusto en las patas.

Los mosquitos hembra se alimentan de la sangre.

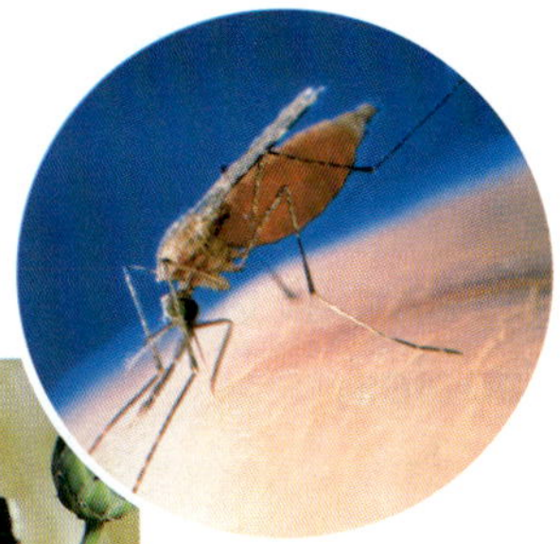

Las alas de la mariposa son de distintos colores porque poseen unas escamas microscópicas.

Algunos escarabajos tienen fuertes mandíbulas que utilizan para la lucha.

6. ¿En cuántas partes se divide el cuerpo de un insecto? Nómbralas.
7. ¿Cuántas patas tienen los insectos? ¿Y cuántas antenas?
8. ¿A qué grupo de animales invertebrados pertenecen los insectos? ¿Cómo se reproducen?
9. Haz una lista de los insectos que conozcas.

10. ¿A qué grupos de invertebrados nos referimos con estas descripciones?
    - Cuerpo blando con concha.
    - Cuerpo blando formado por anillos.
    - Cuerpo recubierto con una especie de caparazón y con patas articuladas.
11. ¿A qué grupo de los artrópodos pertenecen los animales que abundan más en el planeta?
12. ¿Cuál de los siguientes animales tiene seis patas?

ciempiés | araña | lagartija | mosquito

2 Descubro...

Un invertebrado, la abeja

La abeja es un insecto. Como todos los insectos, su cuerpo está dividido en cabeza, tórax y abdomen.

Las abejas viven en grupo en colmenas formadas por panales.

Clases de abejas

La reina

Es la encargada de poner los huevos. Solo hay una en cada colmena, y es la de mayor tamaño.

Los zánganos

Son los encargados de fecundar a la abeja reina. Son los únicos individuos machos.

Las obreras

Se encargan de construir la colmena, defenderla y alimentar a las otras abejas. Son las más numerosas.

¿Cómo se reproduce?

Las abejas son **ovíparas** y, como la mayoría de insectos, pasan por un proceso de **metamorfosis** hasta convertirse en adultas.

En la colmena, la reina pone un huevo en una cavidad llamada **celda**. Al cabo de tres días nace la **larva**, que las abejas obreras se encargarán de cuidar.

La larva crecerá muy deprisa y entrará en la fase de **pupa**, en la que poco a poco su cuerpo se irá transformando hasta convertirse en una **abeja adulta**.

explorador@digital
El mundo de las abejas
www.tiching.com/494955

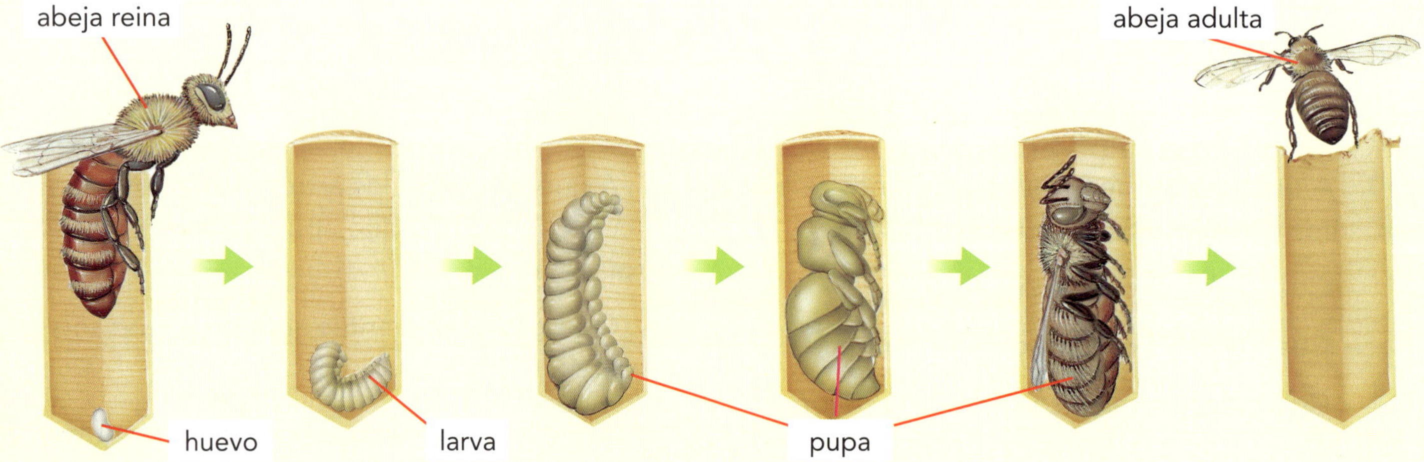

¿De qué se alimenta?

Las abejas obreras son las encargadas de recolectar el **néctar** y el polen de las flores, que transforman en miel.

Una mezcla de polen y miel es el alimento de las larvas y de todas las abejas en invierno. La abeja reina se alimenta de **jalea real**.

¿Cómo se relaciona?

Las abejas son **insectos sociales**, es decir, que viven en comunidad y cada grupo tiene una función determinada.

Las obreras, cuando encuentran un campo de flores, vuelven a su colmena y lo comunican a las demás con movimientos parecidos a una danza.

La reina y las obreras tienen en su abdomen un aguijón con veneno, con el que se defienden de sus enemigos.

¿Qué obtenemos de las abejas?

Los **apicultores** son las personas que se dedican a criar abejas en colmenas artificiales para obtener miel.

De las abejas también obtenemos cera para hacer velas y otras sustancias para usos farmacéuticos como la jalea real.

1. Escribe en tu cuaderno las afirmaciones verdaderas:
   - La abeja reina es la única que pone los huevos.
   - El cuerpo de las abejas se divide en cabeza y tórax.
   - Las abejas viven en grupo en las colmenas.
   - Los zánganos solo defienden la colmena.
   - Las abejas obreras son las más numerosas.
2. Explica con tus palabras la metamorfosis de la abeja.

VOCABULARIO

Panal: conjunto de celdas de cera que las abejas construyen dentro de la colmena para depositar la miel.

Néctar: jugo azucarado de algunas flores, que chupan las abejas.

Jalea real: alimento muy nutritivo que fabrican las obreras para alimentar a la reina.

3 Los animales vertebrados

1 Características de los vertebrados

El aspecto exterior de los animales vertebrados es muy diverso. Sin embargo, todos poseen **huesos** y una **columna vertebral** formada por **vértebras**.

El cuerpo de los animales vertebrados está dividido en **cabeza**, **tronco** y **extremidades**, y la mayoría tienen **cola**.

También es muy diferente la piel que protege a estos animales; unos tienen escamas, otros plumas, otros pelo, otros un caparazón duro...

El pelo de algunos animales va cambiando hasta que se hacen adultos. El color del pelo del cervatillo se confunde con las hierbas y esto le permite pasar desapercibido frente a sus depredadores.

Las ranas no tienen pelo, ni escamas, ni plumas; tienen la piel desnuda.

A pesar de ser muy diferentes, tanto el gorila como el pez son animales vertebrados porque poseen una columna vertebral.

1. ¿Qué característica fundamental tienen todos los animales vertebrados?
2. Cita las partes en que está dividido el cuerpo de los vertebrados.
3. ¿Qué diferencias ves entre el esqueleto del gorila y el del pez?

2 Los grupos de vertebrados

Los animales vertebrados se clasifican en cinco grupos: los **peces**, los **anfibios**, los **reptiles**, las **aves** y los **mamíferos**.

4. ¿En qué grupos se clasifican los animales vertebrados?

Peces

Viven en el agua. Los huesos de los peces se llaman **espinas**. Su cuerpo está cubierto de **escamas**, y sus extremidades, convertidas en **aletas,** les permiten nadar. Respiran mediante **branquias** y son ovíparos.

Anfibios

Respiran por **pulmones** y también a través de la **piel**, que deben mantener siempre húmeda. Por ello viven en lugares donde abunda el agua. Son ovíparos.

Reptiles

Tienen el cuerpo cubierto de **escamas** y algunos, como las tortugas, poseen un caparazón. Respiran por **pulmones** y son ovíparos.

Aves

Tienen el cuerpo cubierto de **plumas** y dos alas que les permiten volar. También tienen dos patas y un pico. Respiran por **pulmones** y son ovíparos.

Mamíferos

Casi todos los mamíferos tienen cuatro patas y viven en la tierra. Su cuerpo está cubierto de **pelo** y respiran por **pulmones**.

La mayoría son vivíparos y después de nacer se alimentan de la leche que sus madres producen en las **mamas**.

5. ¿Qué diferencia hay entre la columna vertebral de los animales y tu columna? Piensa la respuesta.
6. En tu cuaderno, clasifica en una tabla los grupos de vertebrados en ovíparos y vivíparos.
7. ¿Qué grupo de vertebrados tiene branquias? ¿Cuáles pulmones?
8. ¿Cuáles son las características de los reptiles? ¿Y de las aves?

VOCABULARIO

Depredador: animal que caza a otro para alimentarse.

Mama: parte del cuerpo de las hembras de los animales mamíferos que produce leche.

4 Descubro...

Un mamífero, la jirafa

La jirafa es un animal salvaje. Vive en las sabanas de África.

La jirafa es el animal más alto que existe en el mundo; puede llegar a medir cinco metros gracias a su largo cuello y a sus largas y fuertes patas.

El pelaje de la jirafa

La piel de la jirafa es muy gruesa y en ella destacan las manchas oscuras irregulares sobre un fondo de color claro. Cada jirafa tiene sus propias manchas, distintas al resto de jirafas.

Los colores y las formas de las manchas sirven para confundirse con el paisaje y pasar desapercibidas, así se protegen de sus enemigos.

¿Cómo duerme?

La jirafa descansa y duerme de pie.

Solo se acuestan las crías pequeñas o las jirafas enfermas. Para ello flexionan las patas delanteras, después doblan las posteriores y, por último, apoyan en el suelo el pecho.

Las jirafas duermen muy poco, unas dos horas diarias. Además, pueden estar varios días sin dormir.

¿De qué se alimenta?

La jirafa es un mamífero herbívoro, ya que se alimenta de plantas, sobre todo de ramas y hojas, de mimosa y de acacia.

Además, es un herbívoro **rumiante** porque digiere el alimento dos veces, gracias a un estómago muy especial, dividido en cuatro cavidades.

¿Cómo se reproduce?

La jirafa, como casi todos los mamíferos, es un animal **vivíparo**, es decir, nace del vientre de su madre.

Las crías permanecen en el vientre durante quince meses.

Al nacer, miden casi dos metros y pueden llegar a pesar 70 kg. Durante un tiempo, las crías son amamantadas por su madre.

¿Cómo se relaciona?

La jirafa es un animal vertebrado que se desplaza con paso tranquilo: primero adelanta las dos patas del mismo lado, y luego, las del otro.

Las jirafas prefieren huir que enfrentarse al peligro.

La jirafa es un animal sociable. Sin embargo, solo viven en grupo para protegerse de sus depredadores, como el león.

explorador@digital

Cómo beben las jirafas

www.tiching.com/494957

1. Escribe en tu cuaderno las afirmaciones verdaderas:
   - La jirafa es un animal salvaje.
   - La jirafa es un mamífero rumiante.
   - De la jirafa obtenemos leche.
   - Las jirafas duermen mucho.
   - Las jirafas duermen de pie.
   - La jirafa es un animal ovíparo.
   - Uno de los mayores enemigos de las jirafas es el león.

5 Descubro...

Cómo clasificar los animales

En la naturaleza, los seres vivos son muy diversos. Para clasificarlos e identificarlos, utilizamos unos esquemas denominados claves de clasificación.

En esta unidad trataremos de identificar cinco animales según sus características más comunes.

¿Son iguales?

¿Qué tienen en común estos dos animales?

Si los vemos en el cielo, podríamos decir que los dos son pájaros porque tienen alas y vuelan.

Sin embargo, cuando los vemos más de cerca, observamos que sus características son muy distintas.

¿Cómo es?

¿Qué características tiene este animal?

Tiene plumas | Es ovíparo | Tiene pico | Vuela | Tiene patas | Es omnívoro | Es un vertebrado

Los criterios de clasificación

Las características que utilizamos para clasificar a los seres vivos se denominan **criterios de clasificación**.

¿Qué criterios podemos utilizar para clasificar los animales siguientes?

Caballo - Perro - Paloma - Mosquito - Jilguero

Tiene plumas	Tiene patas	Tiene alas	Tiene pelo
Paloma, Jilguero	Paloma, Jilguero, Mosquito, Caballo, Perro	Paloma, Jilguero, Mosquito	Caballo, Perro

Las claves de clasificación

Una clave de clasificación es un esquema que nos permite identificar unos animales a partir de las características que poseen o no poseen.

Observa el ejemplo siguiente:

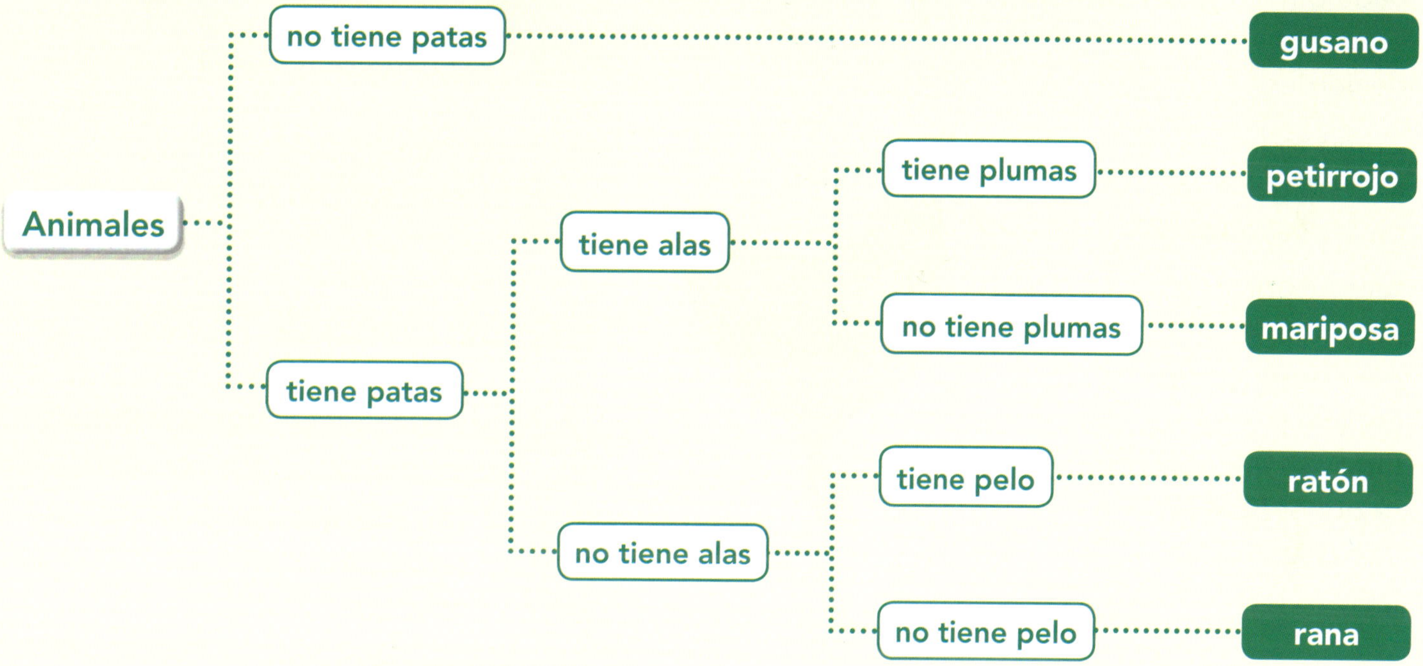

1. Vamos a elaborar una clave de clasificación:

- Entre todos buscad fotografías de mamíferos e imprimidlas todas del mismo tamaño.
- Recortad trozos de cartulina y pegadlos en cada fotografía para que queden como tarjetitas de un juego de mesa:

- Escoged unos criterios según las características de estos mamíferos, que os permitirán confeccionar la clave.
- Cada uno elaborará su clave, la comparará con las de sus compañeros y pondréis los resultados en común.
- Cuando la tengáis terminada, confeccionad un mural colocando las fotografías de los animales en el lugar preciso.
- Finalmente, colgad vuestro mural en un lugar visible del aula.

Aprendiz de científic@

El huevo, un alimento muy completo

El huevo es un alimento muy habitual de nuestra alimentación. Pero ¿has pensado alguna vez cómo se forma? ¿Por qué es importante consumirlos?

DOC. 1 ¿Cómo es una gallina?

La **gallina** es un animal **vertebrado**. Su cuerpo está cubierto de **plumas**, que la protegen del frío y del calor.

Es **omnívora**. La gallina come, sobre todo maíz, cebada o trigo, y también pequeños insectos, gusanos, caracoles y hojas de verduras.

Como todas las aves, la gallina es un animal **ovíparo**.

Algunos de sus polluelos se crían para obtener **carne**: son los pollos. Otros se crían para poner **huevos** y se denominan *gallinas ponedoras*.

1. Describe con tus palabras cómo es el cuerpo de una gallina. ¿Por qué es un animal omnívoro?

DOC. 2 ¿Cómo se forma un huevo?

El huevo se origina en el interior de la gallina. Primero se forma la yema, que poco a poco se va rodeando con la clara y, por último, se recubre con la cáscara que lo protege.

Las gallinas ponen un huevo cada día, del cual nace un pollito solo si el gallo lo ha fecundado antes.

2. ¿En qué orden se forman las diferentes partes del huevo? ¿De qué color son?

DOC. 3 Los componentes del huevo

El huevo es un alimento muy nutritivo. Por ello, desde la infancia se recomienda comer huevos varias veces por semana. El huevo contiene:

Yema: en ella se acumulan las grasas, las proteínas y las vitaminas y minerales, entre los que destacan el fósforo.

Clara: contiene mucha agua y proteínas.

3. ¿Por qué crees que debemos evitar un consumo excesivo de huevos en nuestra dieta?

Practica...

Cómo es un huevo

Material

- Un huevo duro.
- Unas pinzas.
- Una cuchara.
- Una tabla de cortar.
- Un cuchillo con punta redondeada.

Procedimiento

1. Observa el huevo (1):
   - ¿Qué forma tiene?
   - Describe la cáscara: ¿Cómo es; fina, rugosa...? ¿Qué color tiene? ¿Puede ser de otro color?
   - ¿Qué le ocurriría al huevo duro si no tuviera la cáscara?

2. Rompe con cuidado la cáscara del huevo duro con la cuchara como indica el dibujo (2).
   - Poco a poco, separa la cáscara a trocitos del resto del huevo. Puedes hacerlo con las pinzas, procurando no hundirlas en el huevo (3).
   - A medida que vayas quitando la cáscara, fíjate que debajo hay unas membranas que también ayudan a proteger el interior del huevo.
   - En tu cuaderno, haz el dibujo de un trozo de cáscara con esas membranas protectoras.

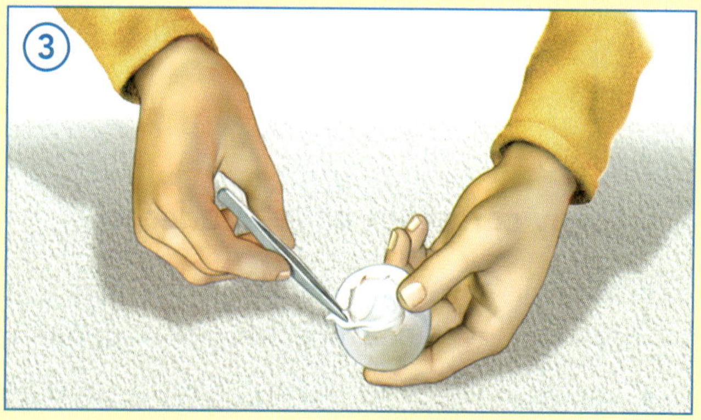

3. Corta el huevo a lo largo, por la mitad. Observa, en uno de los extremos del huevo, entre la clara y la cáscara, queda un espacio. Es la cámara de aire, que en el caso de estar fecundado, le servirá al pollito para respirar (4).
   - ¿De qué color es la clara? ¿Y la yema? ¿Qué diferencias hay con la clara y la yema de un huevo crudo? ¿Cuál ha sido la causa?
   - Haz un dibujo en tu cuaderno de una mitad del huevo y señala en él la clara, la yema y el lugar de la cámara de aire.

Repaso lo aprendido

1. **Copia este mapa conceptual en tu cuaderno.**

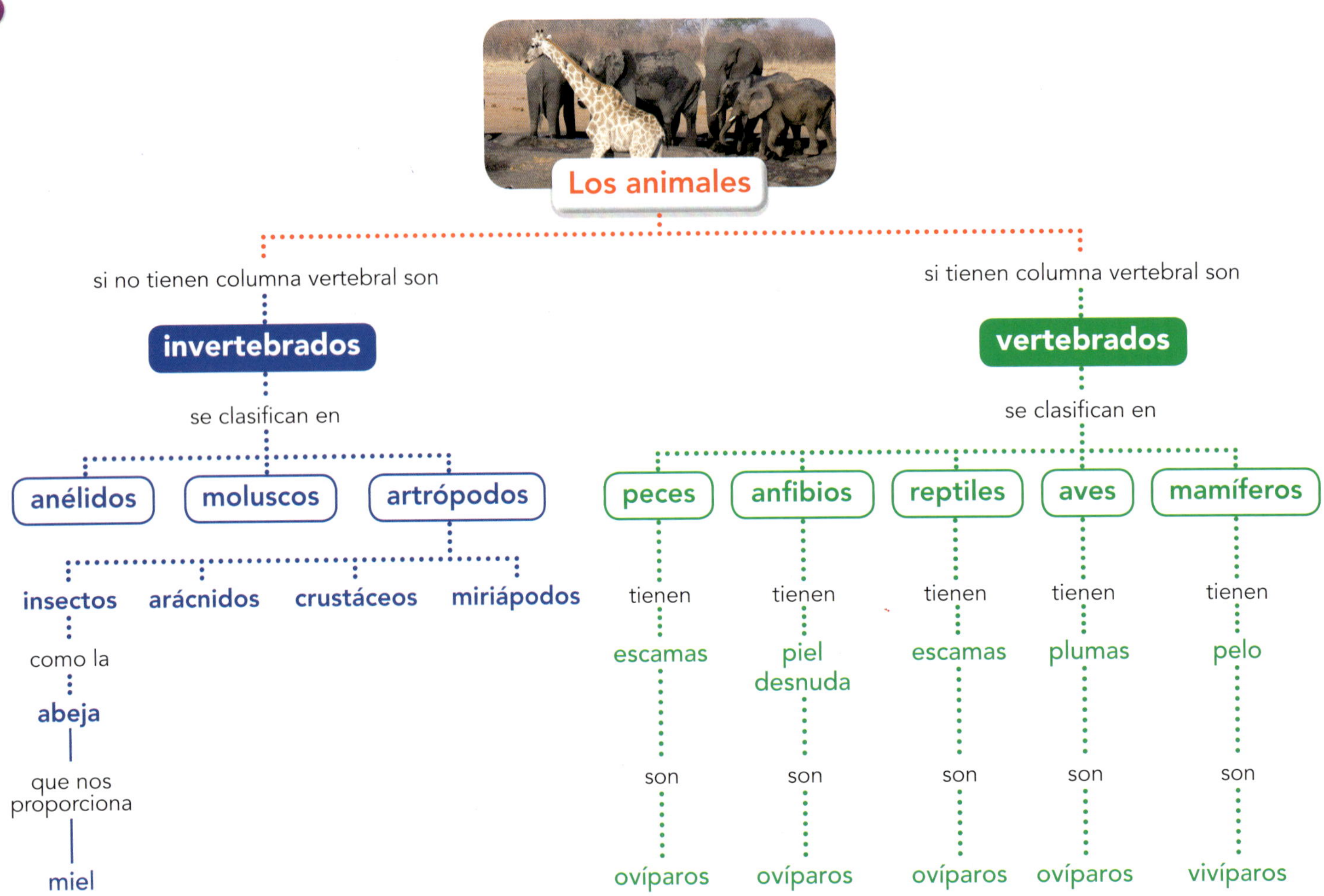

2. **Copia y completa en tu cuaderno.**

- Los animales que tienen columna … son los vertebrados; los que carecen de ella se denominan … .
- Los artrópodos tienen el cuerpo recubierto de un … y poseen patas … .
- El cuerpo de los insectos está dividido en …, … y abdomen.
- De la abeja obtenemos …, cera y sustancias de uso farmacéutico, como … .
- Todos los vertebrados poseen huesos y una … vertebral, formada por … .
- El cuerpo de los vertebrados está dividido en …, tronco y … .

3. **Verdadero o falso.**

Escribe en tu cuaderno las afirmaciones siguientes. Indica cuáles son falsas:

- Los anélidos, los moluscos y los artrópodos son animales invertebrados.
- Los insectos son animales vertebrados.
- Los anfibios respiran por pulmones y a través de la piel.
- Para clasificar los animales se utilizan claves de clasificación.
- Las jirafas son animales ovíparos.
- Las gallinas son omnívoras. Comen granos de cereales y también insectos, gusanos y caracoles.

4. Dibuja.

¿Cuál de los animales siguientes es al mismo tiempo invertebrado, artrópodo, omnívoro y ovíparo? Dibújalo en tu cuaderno, escribe su nombre y señala las distintas partes del cuerpo.

1

2

3

5. Copia y sustituye.

Copia el siguiente texto en tu cuaderno o en el ordenador y sustituye las expresiones subrayadas por los términos más apropiados.

La gallina es un animal <u>con huesos y columna vertebral</u>. Es un animal <u>que se alimenta de animales y de vegetales</u>: come maíz, cebada, trigo, hojas de verduras, pienso y también pequeños insectos, gusanos y caracoles. La gallina es un animal <u>que tiene pollitos que se desarrollan dentro de un huevo fecundado previamente por un gallo</u>. En las granjas de gallinas se crían pollos para obtener carne y también <u>animales para obtener huevos</u>.

JUGANDO TAMBIÉN SE APRENDE

6. Desenmascara al intruso.

En este grupo de animales mamíferos hay dos intrusos. ¿Cuáles son?

4 Los animales. Las funciones vitales

En este tema descubrirás:

- En qué consiste la función de nutrición en los animales.
- Cómo realizan la función de reproducción.
- Cómo llevan a cabo la función de relación.

1. Observa la colonia de pingüinos emperador. ¿Dónde viven? ¿Dónde encuentran el alimento?
2. @ Busca información y fotografías en Internet sobre las distintas especies de pingüinos que existen y haz un *collage* en el ordenador.

El pingüino emperador

Los pingüinos emperador forman colonias muy grandes en la Antártida, donde son capaces de sobrevivir a temperaturas de −40 °C.

Usan una variedad única de sonidos vocales para comunicarse entre ellos. Se cree que vocalizan en diferentes frecuencias, lo cual permite que un pingüino adulto distinga el sonido de su pareja, o que un pingüino joven pueda escuchar la llamada de sus padres.

Son muy sociables y suelen cazar en grupo bajo el agua. Debido a su gran tamaño, consumen más alimentos que las otras especies de pingüinos. Su dieta incluye peces de todos los tamaños, calamares y crustáceos.

Los pingüinos emperador cuidan de sus crías y atienden a sus necesidades. Tanto machos como hembras se ayudan unos a otros en la colonia para atender a los jóvenes pingüinos.

Una vez que la hembra ha puesto un huevo, lo deja al cuidado del macho y se va en busca de comida. Durante su larga ausencia, la principal ocupación de los machos es cuidar de los huevos. Se apiñan para mantenerse calientes y los protegen con su cuerpo del frío y de depredadores como los leones marinos y las focas. Durante este periodo no comen nada, y cuando ya se encuentran al borde del agotamiento, los huevos empiezan a eclosionar.

Generalmente, las hembras regresan con comida durante la primera semana de vida de las crías para cuidar de ellas.

www.pinguinopedia.com (adaptación).

Lee y comprende

3. ¿Los pingüinos emperador se relacionan entre ellos? ¿De qué forma? ¿Qué partes del texto nos indican que son animales sociables?

4. ¿De qué se alimentan? ¿De vegetales o de otros animales? ¿Por qué crees que suelen cazar en grupo?

5. ¿Cómo nacen los pingüinos? ¿Quiénes los incuban?

Exprésate con tus palabras

6. ¿Cómo se reparten las tareas los pingüinos hembras y los machos? ¿Qué piensas de su organización familiar? Dibuja la vida de una familia de pingüinos en un cómic de cuatro viñetas.

1 La función de nutrición

1 De qué se alimentan los animales

Todos los animales se alimentan según sus necesidades y, además, su alimentación depende del lugar en el que viven.

Según el tipo de alimentación, los animales se clasifican en tres grupos: **herbívoros**, **carnívoros** u **omnívoros**.

Animales herbívoros

Los animales herbívoros, como la vaca, el conejo o el hipopótamo, se alimentan solo de plantas, de raíces, de hojas, de semillas y de frutos.

Animales carnívoros

Los animales carnívoros, como el león, el águila o el tiburón, solo se alimentan de la carne de otros animales.

La mayoría de los carnívoros son cazadores.

Animales omnívoros

Los animales omnívoros, como el oso o la gallina, se alimentan tanto de otros animales como de plantas, es decir, comen alimentos de origen animal y vegetal.

El ser humano también es omnívoro.

Los elefantes son animales **herbívoros**. Comen la corteza y las hojas de los árboles de la sabana.

El león es un gran **carnívoro** que se alimenta de herbívoros, como la cebra y la gacela.

Los osos son **omnívoros**. Se alimentan de frutos del bosque, insectos, peces y pequeños mamíferos.

Los animales carroñeros

Existen animales carnívoros que se alimentan de los restos de animales en descomposición, como la hiena, los buitres y los escarabajos.

Se llaman animales carroñeros porque la palabra *carroña* significa carne podrida.

1. Un animal que se alimenta de frutos, raíces, semillas, gusanos e insectos, ¿es carnívoro, herbívoro u omnívoro?
2. Observa las ilustraciones superiores. ¿Qué animales aparecen? ¿De qué se alimentan? ¿A qué grupo pertenecen?
3. ¿De qué se alimentan los animales carroñeros?

Jabalí

- caracoles
- frutos
- raíces
- semillas
- gusanos
- insectos

Serpiente

- ranas
- ratones
- topillos
- pájaros
- lagartos
- huevos

Ratón de campo

- semillas
- bellotas
- frutos
- hongos
- insectos
- caracoles

Ardilla

- nueces
- avellanas
- bellotas
- castañas
- piñones

Lechuza

- topillos
- ratones
- pájaros pequeños
- gusanos
- insectos

Mirlo

- semillas
- frutos
- gusanos
- insectos
- arañas

4. Clasifica estos animales en una tabla según sean carnívoros, herbívoros u omnívoros.

5. Averigua en qué lugares habitan. ¿Qué relación tiene su alimentación con el lugar en el que viven?

   Razona tu respuesta.

6. Observa. ¿De qué crees que se alimentan estos animales? ¿Por qué?

7. Escribe el nombre de cinco animales carnívoros y cinco herbívoros.

8. Haz una lista de los alimentos que has comido en los tres últimos días. ¿Puedes afirmar que eres omnívoro?

2 La función de reproducción

1 Cómo se reproducen los animales

Los animales producen otros animales parecidos a ellos mediante el proceso de la reproducción.

Las crías pueden nacer a partir de un huevo o directamente del vientre de la madre.

1. ¿De qué dos maneras pueden nacer las crías de los animales?

La estrella de mar

Hay animales que se reproducen a partir de sí mismos.

Por ejemplo, si una estrella de mar se rompe en dos trozos, cada uno originará una nueva estrella de mar.

2 Los animales ovíparos

Los animales que nacen de un huevo son **ovíparos**. Son ovíparos las aves, los peces, los reptiles, los anfibios y los insectos.

La mayoría de los insectos y anfibios experimentan cambios en su cuerpo antes de convertirse en un animal adulto.

Este proceso de cambios se denomina **metamorfosis**.

2. Después de buscar información sobre las tortugas, observa las imágenes y explica en tu cuaderno y con tus palabras, la historia de esta tortuga.

Etapas de la reproducción de una tortuga.

La incubación

Las aves, después de poner los huevos, deben incubarlos. Durante la incubación se transmite calor al huevo, lo que ayuda al desarrollo de la cría.

Después de la incubación, la cría ya está madura para salir del huevo; entonces, rompe el cascarón y sale al exterior.

3 Los animales vivíparos

Los animales **vivíparos**, como el gato o la jirafa, nacen del vientre de la madre.

Las hembras de los vivíparos tienen mamas, que producen leche. La mayoría de los animales vivíparos son mamíferos, y sus crías, al nacer, se alimentan de la leche materna durante algún tiempo.

Los gatos son animales vivíparos que, al nacer, se alimentan de la leche de la madre.

3. Explica qué animales denominamos vivíparos.
4. Escribe el nombre de tres animales vivíparos que conozcas.

4 El cuidado de las crías

La mayoría de los animales ovíparos **abandonan** los huevos una vez puestos.

Sin embargo, las aves y algunos grupos de insectos **cuidan** a sus crías después de nacer, es decir, las alimentan y las protegen de sus enemigos.

Los mamíferos, además de alimentar y proteger a sus crías, les enseñan cómo encontrar alimento y evitar los peligros.

Las hembras de los mamíferos cuidan a sus crías hasta que pueden valerse por sí mismas.

5. ¿Cómo cuidan a sus crías los animales vivíparos? ¿Y los ovíparos? Explica las diferencias.

Las crías de las tortugas aprenden solas a protegerse de los peligros.

6. Clasifica en tu cuaderno los siguientes animales en vivíparos y ovíparos:

salamandra – serpiente – vaca
gato – lenguado – araña
loro – gallina – hormiga
elefante – trucha – ballena

7. ¿Sabes qué nombre reciben las crías de estos animales?

lobo – caballo – cerdo – conejo
paloma – jabalí – gallina

3 La función de relación

1 Cómo se desplazan los animales

Los animales se relacionan entre sí y con su entorno.

La mayoría de los animales se desplazan de un lugar a otro para conseguir alimento y protegerse de los peligros. Por ello, el cuerpo de los animales está adaptado para moverse con facilidad en el medio en el que viven.

También existen animales que no pueden desplazarse, como los mejillones o los corales, que están sujetos a las rocas.

Los guepardos

Los guepardos son animales fuertes y muy rápidos. Viven en África y quedan muy pocos.

Son los animales más veloces del mundo. Su cuerpo está adaptado para correr más que sus presas y poderlas atrapar.

Animales que se desplazan por tierra

Muchos animales se desplazan por **tierra** y para ello han desarrollado fuertes patas; unos caminan y corren, como el caballo, y otros saltan, como el canguro.

Otros animales han perdido las extremidades y se arrastran, como la serpiente.

Animales que se desplazan por el agua

Los animales que viven en el agua **nadan**. Algunos, como los peces, disponen de aletas; otros, como las ranas, tienen unas patas que les permiten moverse por el agua con facilidad. Otros se arrastran, como la serpiente.

Animales que se desplazan por el aire

Existen animales que disponen de alas para desplazarse por el **aire**, como la mayoría de las aves, de los insectos, y de los murciélagos.

1. ¿Por qué algunos animales tienen patas y otros aletas?
2. Explica cómo se desplazan estos animales: tigre, paloma y cocodrilo.

2 Cómo se relacionan con su entorno

Los osos tienen un denso pelaje blanco y una reserva de grasa para protegerse del frío polar.

Algunos animales, para protegerse del **frío**, tienen un espeso pelaje, como la oveja o el oso; otros animales emigran a lugares más cálidos, como las golondrinas.

También existen animales que **hibernan**, es decir, se esconden y duermen durante todo el invierno hasta que llega el buen tiempo, como el lirón.

Además, en los lugares donde hace mucho calor, existen animales que pasan la mayor parte del día en sus guaridas para protegerse del calor y solo salen por la noche.

Durante el otoño se pueden ver bandadas de pájaros que emigran.

Los dromedarios están preparados para aguantar el calor y poder pasar ocho o diez días sin beber.

3. Explica qué significa que el lirón hiberna.
4. Además de en otoño, ¿en qué otra estación del año se vuelven a ver las golondrinas? ¿Por qué?
5. Observa los dromedarios. ¿Qué características físicas les permiten vivir en el desierto?

6. Copia la tabla en tu cuaderno y distribuye estos animales:

Vuela	Camina	Nada
...	...	...

tortuga marina – cerdo – anguila – caballo – tigre
vaca – ballena – águila – golondrina – loro – merluza

VOCABULARIO

Hibernación: periodo de reposo de los animales durante el invierno.

Emigrar: cambiar de lugar periódicamente para buscar un clima mejor y alimento.

Guarida: cueva donde viven los animales.

4 Descubro...

Cómo cuidar a los animales

Como ya sabes, algunos animales pueden ser muy buenos amigos de las personas, como el perro o el gato, mientras que otros nos proporcionan leche, carne o piel, como la vaca. Todos ellos son animales domésticos.

También existen los animales salvajes, que viven libres en la naturaleza y forman parte de un entorno natural.

Tanto los animales domésticos como los salvajes necesitan cuidados.

Animales domésticos. Las mascotas

Aliméntala correctamente

Debes darle una dieta equilibrada, adecuada a su edad y tamaño, y mantener su plato o comedero limpio.

Llévala al veterinario

Acude al veterinario periódicamente. Debes vacunar y administrar los medicamentos a tu mascota para que no tenga pulgas ni garrapatas.

Mantenla limpia

Mantén el pelaje limpio y desenredado, y si la mascota vive en una jaula, límpiala con frecuencia.

Controla que el agua de las peceras esté transparente. Utiliza los productos adecuados.

Atiende sus necesidades

Si eres responsable, deberás prestar atención a las necesidades de tu mascota.

Por ejemplo, los perros o los caballos necesitan hacer ejercicio o que los saquen a pasear para gastar su energía.

Dale cariño

Juega con tu mascota.

También tienes que enseñarle lo que está bien y lo que está mal para que la convivencia con la familia sea fácil y agradable.

Animales salvajes

Si vas de excursión, no arranques plantas ni molestes a los animales. Utiliza los lugares acondicionados para observarlos.

Respeta el entorno y no tires papeles ni dejes basura.

Antes de abandonar el lugar, comprueba que queda tal como lo encontraste.

Es el medio donde viven los animales.

Si visitas algún Parque Natural o Reserva Natural no molestes a los animales. Respeta siempre las indicaciones del parque o de los expertos.

Si encuentras un animal herido, llama al teléfono de emergencia. Hay centros especializados en su recogida y recuperación.

1. ¿Qué diferencia hay entre los animales domésticos y salvajes?
2. ¿Qué cuidados básicos requiere una mascota?
3. ¿Por qué crees que es necesario llevar a los animales al veterinario?
4. ¿Crees que se deben tener animales salvajes como animales de compañía? Razona tu respuesta.
5. ¿Por qué no se deben soltar animales domésticos, como hámsteres, tortugas o perros, en un entorno natural?

Aprendiz de científic@

El ciclo vital

El ciclo vital de un ser vivo es el conjunto de transformaciones que experimenta a lo largo de su vida. En algunos animales, estas transformaciones son muy visibles.

Observa cómo llegan a adultos un insecto, como la mariquita, y un anfibio, como la rana.

DOC. 1 El ciclo vital de una mariquita. Su metamorfosis

Durante su ciclo vital, el cuerpo de los insectos sufre transformaciones hasta convertirse en un animal adulto (metamorfosis).

La mariquita sufre una metamorfosis compuesta por tres etapas muy diferentes:

1. Larva: el animal, que ya ha salido del huevo, se alimenta y crece.

2. Pupa: la larva se transforma en una pupa y en su interior experimenta cambios.

3. Adulto: la mariquita sale de la pupa y en pocas horas adquiere su aspecto definitivo.

La hembra pone los huevos en grupos sobre las hojas.

1. ¿A qué llamamos metamorfosis?
2. Explica las fases por las que pasa la mariquita hasta llegar a ser un animal adulto.

DOC. 2 El ciclo vital de una rana. Su metamorfosis

Los anfibios también pasan por un proceso de metamorfosis hasta llegar a adultos.

La rana, por ejemplo, cuando sale del huevo parece un pez porque no tiene patas y respira por branquias; recibe el nombre de **renacuajo**.

El cuerpo del renacuajo va experimentando una serie de cambios hasta llegar a convertirse en una rana.

3. ¿En qué animal adulto se convertirá un renacuajo?
4. Busca fotografías sobre la metamorfosis de la rana y escribe los cambios experimentados.

Practica...

Cómo criar gusanos de seda

Los gusanos de seda son las larvas de la mariposa de seda. Su cría nos permitirá observar la metamorfosis de esta mariposa.

La mejor época para realizar esta experiencia es en primavera, y suele durar unos 50 días.

Material

- Gusanos de seda.
- Una caja de zapatos vacía.
- Hojas de morera.

Procedimiento

1. Agujerea la caja de zapatos y coloca dentro los gusanos de seda. Deja la caja en un lugar aireado, pero protegido del frío y de los rayos del sol.
2. Alimenta cada día los gusanos con hojas tiernas de morera. Procura que en ningún momento les falte comida.
3. Observa los cambios que van experimentando los gusanos de seda:

Primera etapa

De larva a la construcción del capullo:

Anota las observaciones en una tabla, donde se indiquen los días, el tamaño de las larvas (gusanos de seda), su color, su aspecto, el número de mudas de la piel, la cantidad de alimento que ingieren cada día y su comportamiento: si se mueven, si están quietas...

Segunda etapa

Del capullo a mariposa:

- Explica cómo construyen el capullo y cuántos días han tardado en construirlo.
- Dentro del capullo, la larva se convierte en pupa. ¿Cuántos días permanece dentro del capullo? ¿Cómo sale de él?
- ¿En qué se ha convertido la larva? Describe los cambios que se han producido.

exploradordigital
El gusano de seda
www.tiching.com/577358

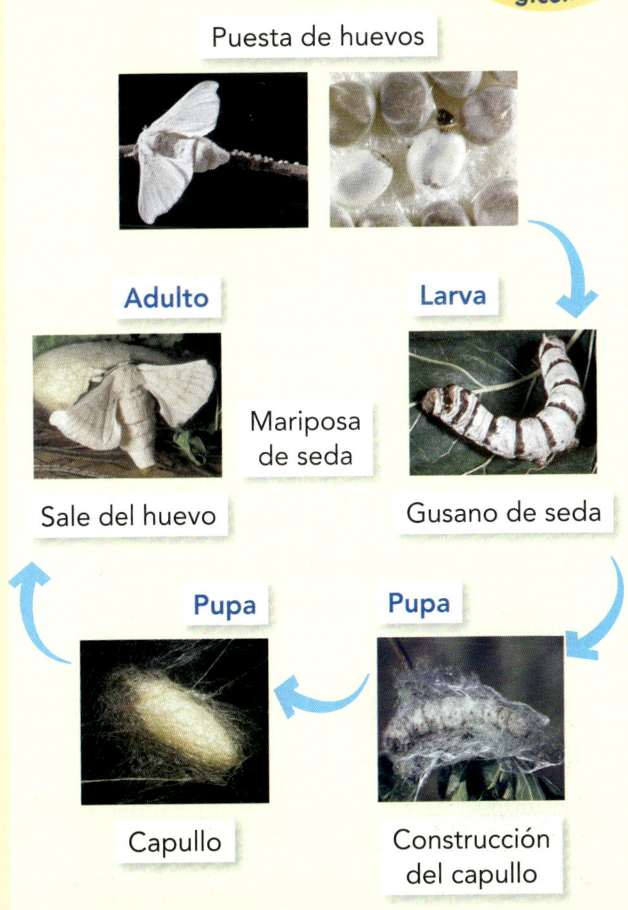

Repaso lo aprendido

1. Copia este mapa conceptual en tu cuaderno.

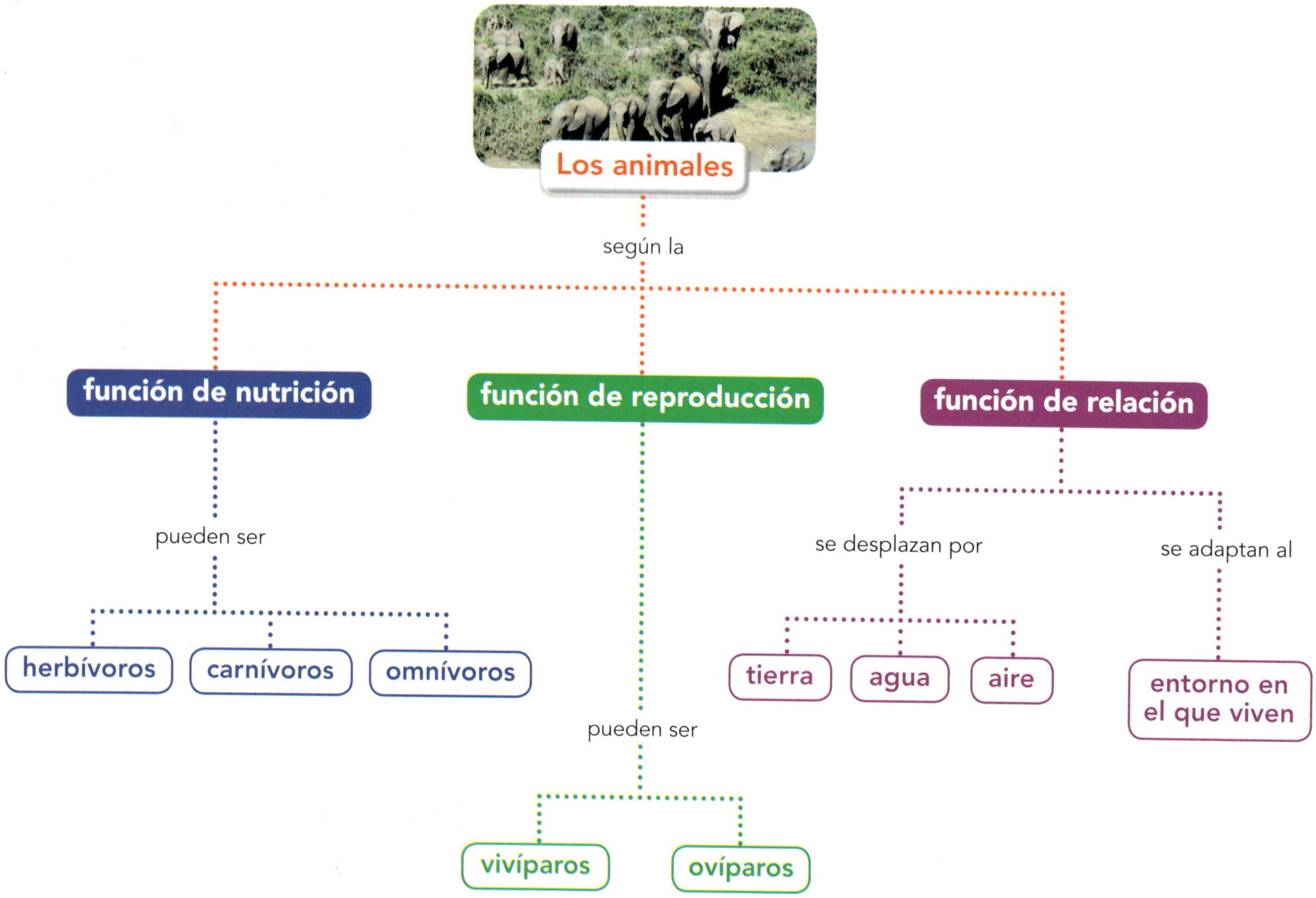

2. Copia y completa en tu cuaderno.

- Los animales llevan a cabo las tres … vitales: nutrición, … y relación.
- Según el tipo de alimentación, los animales se clasifican en tres grupos: herbívoros, … y … .
- Los animales … nacen del vientre de su madre. Los ovíparos nacen de un … .
- Los animales reaccionan frente a los cambios del entorno gracias a la función de … .
- Los animales son capaces de desplazarse por …, por agua y por … .
- Tanto los animales domésticos como los animales … necesitan … .

3. Rellena una tabla.

Copia y completa esta tabla en tu cuaderno.

Después elige un animal que figure en ella y redacta un breve texto en el que expliques cómo se alimenta y cómo se reproduce.

Para ello utiliza los términos de la tabla.

	Alimentación	Reproducción
vaca	herbívoro	vivíparo
águila	…	…
mosca	…	…
rana	…	…
perro	…	…

4. Resuelve en tu cuaderno este crucigrama.

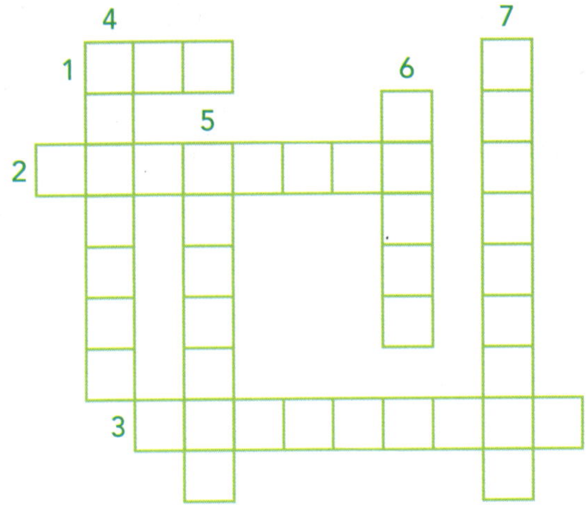

1. Mamífero omnívoro que vive en el bosque.
2. Animal que nace del vientre de la madre.
3. Animal que solo se alimenta de carne.
4. Animal que nace de un huevo.
5. Acción de calentar los huevos hasta que nacen los polluelos.
6. Cría de la gallina.
7. Animal que se alimenta de plantas, hojas, semillas…

5. Observa las imágenes y contesta.

1 

2 

3 

a. ¿Qué están haciendo estos animales? ¿Con qué función vital están relacionadas estas situaciones?

b. Busca información sobre la alimentación de cada animal. ¿En qué se diferencian?

c. Compara la dieta de estos animales con la tuya.

JUGANDO TAMBIÉN SE APRENDE

6. Interpreta los refranes.

Oveja que bala,
bocado que pierde.

Perro ladrador,
poco mordedor.

7. Adivina, adivinanza.

En alto vive, en alto mora,
en alto teje la tejedora.

No es cama, ni es león
y desaparece en cualquier rincón.

5 Las plantas

En este tema descubrirás:

- Las características de las plantas y su clasificación.
- Cuáles son las partes de una planta.
- Cómo son los bosques y cómo debemos protegerlos.
- Cómo se nutren y se reproducen las plantas.

1. Describe las plantas de la fotografía. ¿Qué partes de la planta ves?

2. Consulta el *explorador@digital* @ y juega a clasificar las plantas con el botánico Carlos Linneo.

explorador@digital
El aula del botánico
www.tiching.com/476717

El jardín secreto

–¿Crees que los árboles y los rosales aún están vivos? –preguntó Mary, cada vez más excitada.

El muchacho se acercó a un árbol muy viejo que tenía la corteza cubierta de un liquen grisáceo. Luego, se sacó una navaja del bolsillo e hizo una pequeña incisión en sus hojas.

–Tendríamos que podarlo –dijo–, pero yo creo que la mayoría están vivos.

Dickon comenzó a recorrer el jardín, mientras le enseñaba a Mary cosas que a ella le parecían extraordinarias. Se pararon junto a un rosal y el muchacho cortó una rama cuidadosamente.

–¡Mira! –exclamó–. ¿Ves cómo está un poco verde y pegajosa? Cuando veas una rama así, es que está viva. La raíz debe de estar por aquí... –prosiguió, arrodillándose en el suelo–. Si podamos las ramas viejas y removemos la tierra, el próximo verano tendremos un montón de rosas.

Fueron de árbol en árbol y de arbusto en arbusto, y, al cabo de media hora, Mary ya había aprendido a distinguir las ramas vivas de las muertas. Cada vez que veía una pequeña sombra verde, gritaba de puro contento.

–¡Eh! –gritó Dickon de pronto, señalando uno de los parterres que Mary había limpiado a conciencia–. ¿Quién ha hecho eso?
–He sido yo –respondió la niña.
–Pero si me has dicho que no sabías nada de jardinería...

Ella le contó por qué había arrancado los hierbajos, y Dickon la felicitó por el magnífico trabajo que había hecho.

Frances HODGSON BURNETT: *El jardín secreto* (adaptación).
Barcelona, Editorial Vicens Vives, 2013.

Lee y comprende

1. ¿Dónde se encuentran Mary y Dickon? ¿Qué está haciendo el muchacho? ¿Por qué es importante podar las plantas?

2. ¿Por qué crees que los protagonistas remueven la tierra y arrancan los hierbajos? ¿Quién hace este trabajo habitualmente?

Exprésate con un dibujo

3. Dibuja un jardín en invierno y el mismo en verano. Tiene que contener rosales, arbustos y árboles. ¿Qué diferencias observas?

1 Las plantas

1 Características de las plantas

Como el resto de los seres vivos, las **plantas** son **vegetales** que nacen, se alimentan y crecen, se relacionan, se reproducen y mueren.

Casi todas las plantas producen una gran cantidad de semillas y, de cada una, puede nacer una nueva planta.

Tres características diferencian las plantas de los animales:

- Fabrican ellas mismas su alimento.
- No pueden desplazarse.
- No poseen órganos de los sentidos, aunque pueden captar los cambios que se producen en su entorno.

1. ¿Cuáles son las funciones vitales de las plantas?
2. ¿En qué se diferencian las plantas de los animales?

Los árboles, cuando están muy juntos, crecen muy rápido porque buscan la luz.

2 Clasificación de las plantas

Las plantas se clasifican en dos grandes grupos: **plantas con flores** y **plantas sin flores**.

Las plantas con flores son vegetales que florecen y producen semillas.

Las plantas sin flores son vegetales que no florecen y no producen semillas.

3. ¿Cuál es el principal criterio para clasificar las plantas?
4. ¿Cuál es la función de la semilla? ¿Qué relación tiene con la flor?

3 Otras clasificaciones

Las plantas también se pueden clasificar siguiendo otros criterios, por ejemplo: por el uso que hacemos de ellas, por el tipo de tallo, etc.

TIPOS DE PLANTAS CON FLORES SEGÚN SU TALLO

TALLO DELGADO Y FLEXIBLE		**Hierbas**. Alcanzan poca altura y poseen formas variadas.		
TALLO GRUESO Y DURO	No tiene tronco principal	**Arbustos**. Los tallos se ramifican desde el suelo.		
	Tiene tronco principal	**Árboles**. Pueden alcanzar varios metros de altura.		

5. ¿Cuál es el criterio que utilizamos para clasificar las plantas con flores?

6. ¿Qué diferencias tienen los arbustos respecto a los árboles?

7. Haced una lista de todos los árboles y arbustos que encontréis en el jardín de vuestra escuela o en un parque cercano:
   - Clasificadlos según sean árboles o arbustos, y anotad las características más importantes de cada planta.
   - ¿Cuántos ejemplares de cada planta habéis encontrado?

8. Averigua en Internet el nombre de cinco plantas ornamentales. Haz en tu cuaderno una tabla como esta y complétala:

	Nombre	Época de Floración
planta 1	...	...
planta 2	...	...
...	...	...

2 Descubro...

El bosque

Los bosques influyen en el clima del lugar, limpian el aire de contaminantes y nos protegen de los ruidos del tráfico.

También nos proporcionan madera, setas y bayas, y en ellos podemos disfrutar de tranquilidad y del contacto con la naturaleza.

Por todos los beneficios que el bosque nos proporciona, debemos conocerlo, respetarlo y gestionarlo correctamente.

Las plantas del bosque

En un bosque podemos encontrar plantas de diferentes tipos:

1 Las plantas de mayor altura son los **árboles**. En un bosque pueden existir árboles de distintas alturas.

2 Los **arbustos** son plantas más bajas que los árboles, miden menos de 5 metros. Viven entre los árboles.

3 Las hierbas y los arbustos forman el **sotobosque**, llamado así porque están por debajo de los árboles.

4 A **ras de suelo** se encuentran las hierbas y los musgos que cubren la tierra, los troncos y las rocas.

Tipos de bosques

Algunos bosques están formados por un solo tipo de árbol, como los pinares, los encinares o los robledales.

También existen bosques formados por muchos árboles distintos, como los bosques tropicales, donde se combina una gran variedad de vegetación; árboles que pueden alcanzar los 100 m de altura con musgos y arbustos muy frondosos.

En la mayoría de los bosques podemos encontrar **árboles de hoja caduca** (árboles que en invierno se le caen las hojas) y **árboles de hoja perenne** (durante todo el año mantienen las hojas).

Consejos para ir al bosque

Todos podemos y debemos colaborar en la conservación de los bosques:

- No dejes basura.
- No enciendas fuego.
- Si circulamos en un vehículo, debemos hacerlo siempre por los caminos permitidos, nunca por el interior del bosque.
- Evita romper o arrancar plantas, o molestar a los animales y sus nidos.
- Si vas de excursión a pie, sigue los senderos señalizados.

En resumen, deja el bosque que has visitado tal como te gustaría encontrarlo.

1. ¿Qué vegetales forman el sotobosque? ¿Crees que necesitan mucha luz para vivir? ¿Por qué?
2. Explica la diferencia entre árboles de hoja caduca y árboles de hoja perenne.
3. Averigua cómo se llaman los bosques formados por sabinas, hayas o abetos.
4. ¿Qué beneficios nos aporta el bosque? ¿Cuáles de ellos inciden directamente en nuestra salud?
5. ¿Por qué no debemos salir de los senderos señalizados?
6. Redacta alguna experiencia que hayas vivido durante una excursión al bosque.

3 Partes de una planta

Las plantas suelen tener tres partes: raíz, tallo y hojas

1 La raíz

La **raíz** fija la planta al suelo. Además es la encargada de absorber el agua y las sales minerales que servirán para fabricar el alimento de la planta.

Normalmente las plantas tienen una **raíz principal** y unas **raíces secundarias** más pequeñas, que parten de la raíz principal.

En algunas plantas, la raíz principal es muy gruesa, tiene forma redondeada (rábano) o alargada (zanahoria) y almacena sustancias alimenticias de reserva.

En otras plantas, todas las raíces son del mismo tamaño y son finas y pequeñas, como en el trigo.

1. ¿Cuál es la función de la raíz? ¿Por qué son más gruesas en algunas plantas?
2. ¿Por qué la zanahoria o el rábano tienen la raíz principal muy gruesa?

Las zanahorias y los rábanos son raíces engrosadas que nos sirven como alimento.

2 El tallo

El **tallo** es la parte de la planta que suele crecer por encima de la tierra. De él brotan las ramas y las hojas.

En los árboles, es la parte que denominamos **tronco**.

El tallo se encarga de sostener la planta sobre el suelo y de distribuir el agua, las sales minerales y el alimento por toda la planta.

Existen tallos que crecen bajo tierra de forma horizontal como en los helechos y las cañas.

3. ¿Qué es el tallo? ¿Qué partes de la planta nacen a partir de él?
4. ¿Cuál es la función del tallo?

3 Las hojas

Las **hojas** brotan de los tallos o de las ramas y son de color verde. En ellas se lleva a cabo la respiración y la fabricación del alimento para la planta.

En una hoja típica distinguimos las siguientes partes:

- El **limbo**, que es la parte plana, lo que conocemos como hoja.
- El **peciolo**, parte que une la hoja al tallo.
- Los **nervios**, finos tubos por donde circula el alimento y el agua.

PARTES DE UNA HOJA

5. ¿Qué procesos se llevan a cabo en las hojas de las plantas?

TIPOS DE HOJAS

Si nos fijamos, veremos que las hojas son muy diferentes según la forma del limbo y del borde:

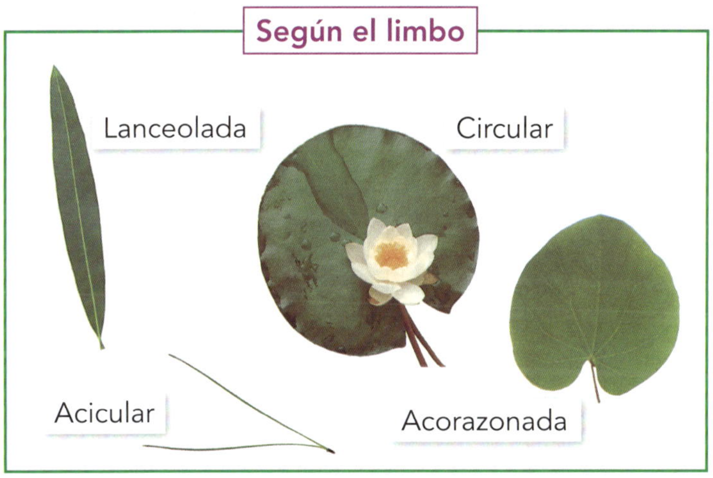

6. ¿Cuáles son las partes de una planta?
7. Busca hojas de los árboles cerca de donde vives y haz un dibujo de cada una. Clasifícalas según la forma y el borde.
8. Busca en Internet información sobre otros tipos de hojas, según la forma del limbo y el borde, distintos de los que aquí se citan. Haz un dibujo de la hoja y pon un ejemplo de una planta que la tenga.
9. Si el helecho tiene un tallo subterráneo, ¿qué parte de la planta es la que vemos en el bosque?

VOCABULARIO

Lanceolada: hoja en forma de punta de lanza.

Acorazonada: hoja en forma de corazón.

Acicular: hoja en forma de aguja.

4 La nutrición de las plantas

1 Las necesidades de las plantas

Como todos los seres vivos, cada especie vegetal tiene unas necesidades básicas: humedad, luz y un suelo y una temperatura adecuados. Estos factores variarán según el tipo de planta de que se trate.

Humedad
Para vivir las plantas necesitan **agua**, que sus raíces absorberán. Cuando carecen de ella se van secando y mueren.

Luz
Las plantas necesitan **luz**. Cuando esta no llega de todos sus lados, la planta se inclina para alcanzarla.

La carencia de luz hace que las plantas crezcan menos.

Temperatura
La temperatura es importante para el desarrollo de la planta.

Suelo
El suelo donde vive cada planta debe contener las **sustancias minerales** que necesita.

Algunas plantas como los cactus pueden vivir en suelos muy pobres como el del desierto.

1. ¿Qué necesidades básicas tienen las plantas para vivir?
2. ¿Qué debe contener el suelo para que las plantas se desarrollen correctamente?

2 Las plantas elaboran su alimento

Las plantas, como los animales, necesitan alimentarse para crecer y sobrevivir. Pero las plantas no necesitan buscar el alimento sino que lo elaboran ellas mismas.

Para elaborar el alimento, las plantas necesitan luz y diferentes sustancias que toman de la tierra y del aire.

La luz del sol es captada por la **clorofila**, una sustancia de color verde que se encuentra en las partes verdes de las plantas, que generalmente suelen ser las hojas.

Todas las plantas necesitan agua y la luz del sol para elaborar su alimento.

CÓMO SE FABRICA EL ALIMENTO DE LA PLANTA

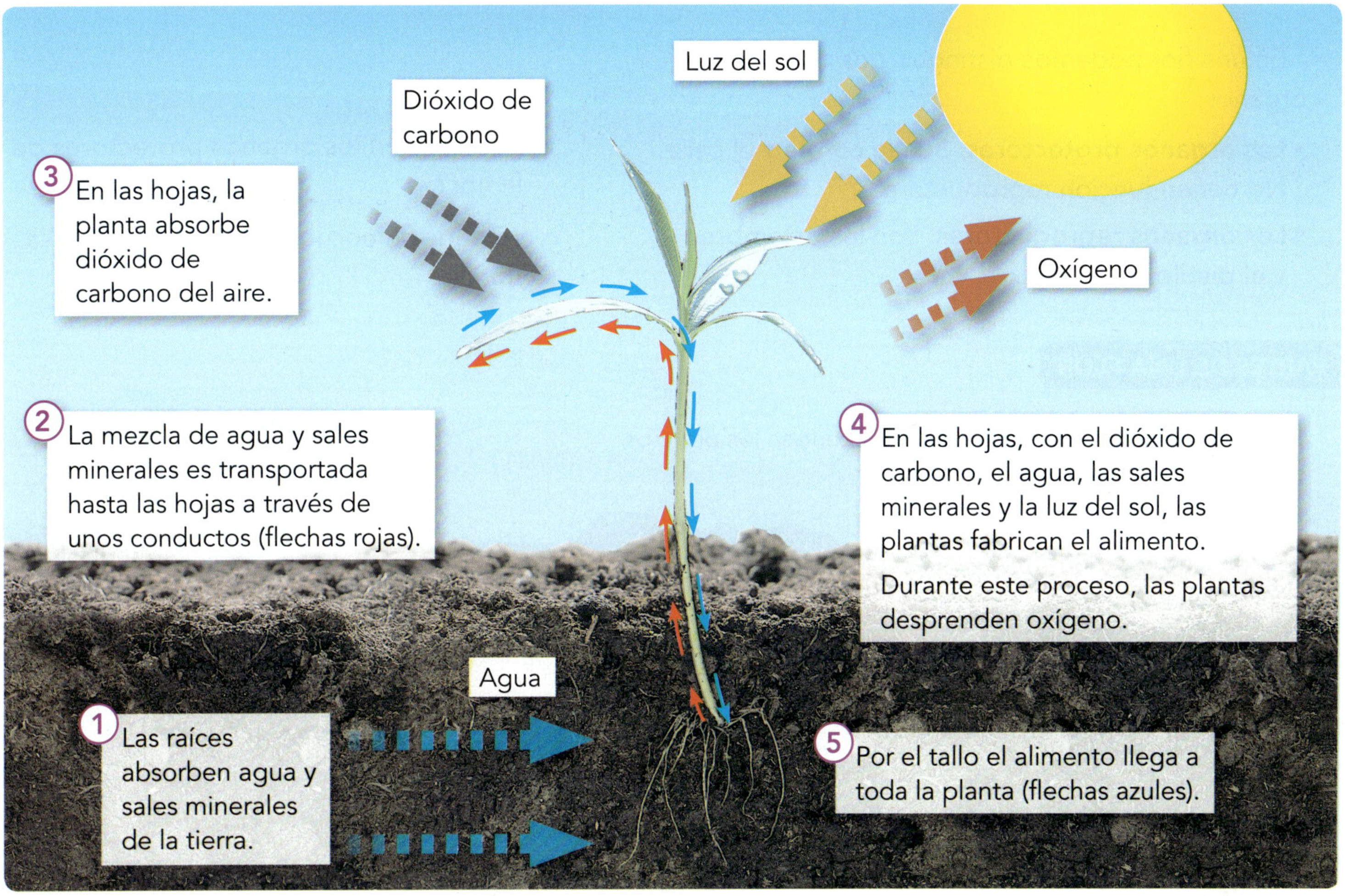

3. ¿Qué es la clorofila? ¿En qué parte de la planta se encuentra?
4. Cuando las plantas fabrican su alimento, ¿qué gas se desprende? ¿Para qué lo utilizan los humanos?

Chicles de clorofila

La goma del chicle, hasta hace poco, se obtenía haciendo unos cortes en la corteza de un árbol originario de México, América Central y América del Sur.

El sabor de los chicles de clorofila es debido a una sustancia llamada mentol, que proviene de la menta.

El color verde, en cambio, proviene de la clorofila que se extrae de las espinacas.

5. Para comprobar que el agua sube por el tallo mediante los vasos conductores, realiza este sencillo experimento:
   - Añade unas gotas de tinta roja en un vaso con agua y unas gotas de tinta azul en otro vaso. Introduce un clavel blanco en cada vaso. Déjalos así durante unas horas.
   - ¿Qué ha pasado? ¿Cómo ha llegado el agua coloreada a la flor?
6. ¿Por qué es importante regar a menudo las plantas? Razona la respuesta.

5 La reproducción de las plantas

1 Cómo es una flor

En una flor podemos distinguir dos tipos de órganos:

- Los **órganos protectores**. Son la **corola** y el **cáliz**. No tienen función reproductora.
- Los **órganos reproductores**. Son los **estambres** y el **pistilo**.

1. ¿Cuáles son los órganos protectores de la flor?
2. ¿Dónde se encuentran los óvulos de la flor?

PARTES DE UNA FLOR

En las flores de cualquier planta se encuentran los órganos encargados de realizar la reproducción.

Los **estambres**. Son unos filamentos con una pequeña cápsula que contiene los granos de **polen**.

El **pistilo**. Es un órgano en forma de botella. Su parte más abultada se llama ovario y en su interior se encuentran los **óvulos**.

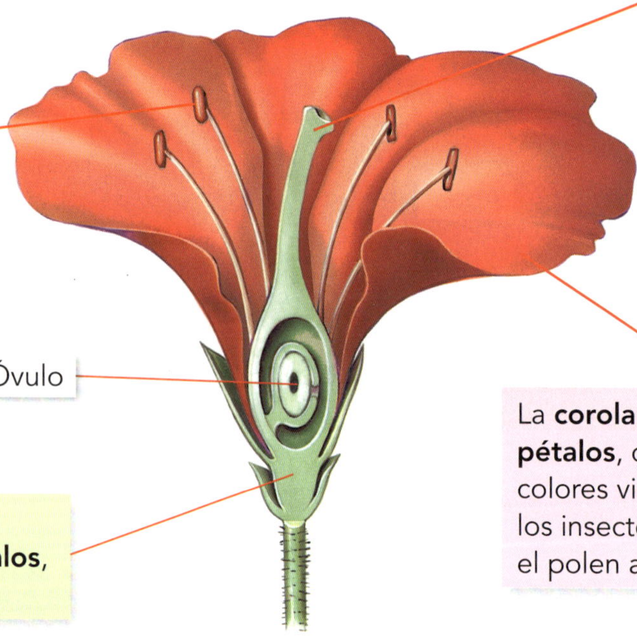

El **cáliz**. Está formado por unas hojitas de color verde, los **sépalos**, que protegen a los pétalos.

La **corola**. Es el conjunto de **pétalos**, que suelen ser de colores vistosos para atraer a los insectos que transportarán el polen a otras flores.

2 Las plantas se reproducen

Cuando llega la primavera, se desprende el polen de los estambres. Cuando el grano de polen llega al pistilo de una flor, fecunda el óvulo y, al cabo de un tiempo, se transforma en una semilla.

Este tipo de reproducción se denomina reproducción sexual.

Las abejas participan en el transporte del polen hasta el pistilo.

3. Explica, brevemente, cómo se produce la reproducción sexual de las plantas con flores.
4. ¿Qué parte de la flor se transforma en semilla?

CÓMO SE REPRODUCEN LAS PLANTAS CON FLORES

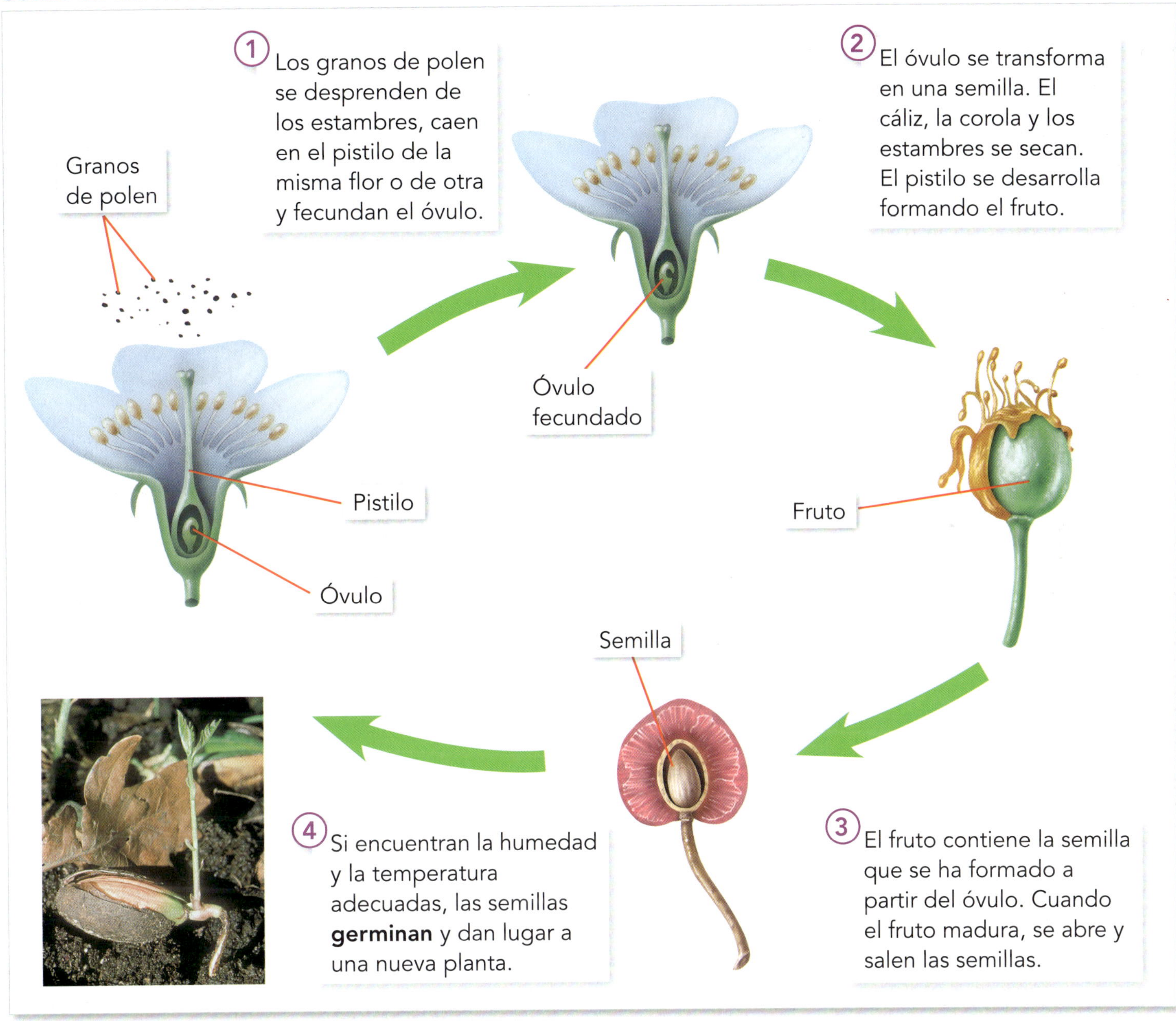

5. ¿Dónde se encuentran los órganos encargados de la reproducción de las plantas?
6. ¿Por qué los pétalos de las flores tienen colores tan vistosos?
7. ¿Cuántas partes tiene una flor? Describe cada una de ellas.
8. ¿Cuándo son muy visibles los sépalos de una flor?
9. ¿Por qué las plantas producen flores en primavera y no en invierno?
10. ¿Qué se forma cuando germina una semilla? ¿De qué depende que se produzca?
11. Haz una lista de semillas que formen parte de tu alimentación. Escribe al lado de cada una de ellas el nombre de la planta de la que procede.

Aprendiz de científic@

Tipos de flores

Existen miles de flores distintas y varias formas diferentes de clasificarlas, según nos fijemos en la forma de la corola, del cáliz, en la posición del ovario, etc.

DOC. 1 Muchas formas de clasificar flores

Si nos fijamos en la forma de la corola, algunas flores como la rosa silvestre tienen todos los pétalos iguales; otras, como la campanilla, los tienen soldados, y en otras, como en las orquídeas, los pétalos tienen medidas y formas distintas.

Si nos fijamos en sus órganos reproductores vemos que hay flores que tienen estambres y pistilo, como el tulipán, y en cambio hay otras que tienen estambres o pistilo, como el jazmín.

También podemos clasificar una flor según su cáliz; por ejemplo, puede tener los sépalos juntos, como en el clavel, o separados, como en la rosa.

La rosa silvestre tiene cinco pétalos iguales.

Las orquídeas tienen pétalos desiguales.

DOC. 2 La margarita no es una flor, es una inflorescencia

La agrupación de flores en el extremo de un tallo recibe el nombre de **inflorescencia**.

Hay inflorescencias como la margarita, la manzanilla o el girasol que son el resultado de la unión de diminutas flores dispuestos sobre un receptáculo parecido a una plataforma, rodeada por unas piezas que parecen pétalos pero no lo son.

Otras inflorescencias presentan sus flores de forma que parece que nazcan todas del mismo punto y llegan a la misma altura, por ejemplo las del hinojo o las de la zanahoria silvestre.

La margarita está formada por muchas flores pequeñas.

Las flores del hinojo se disponen formando una inflorescencia.

DOC. 3 Los tipos de flores y los animales

Las flores han desarrollado características destinadas a atraer a un tipo determinado de animal polinizador.

Las flores que atraen a las abejas tienen corolas vistosas de color amarillo o azul y suministran polen y néctar.

Las flores polinizadas por aves tienen néctar abundante, son grandes, de colores rojo, anaranjado o rosado.

Las flores polinizadas por murciélagos se abren por la noche, suelen ser grandes y de colores claros.

Las flores que atraen a las mariposas tienen una forma adaptada a su larga lengua.

Practica...

Observar las partes de una flor

Material

- Una flor.
- Pinzas.
- Lupa de mano.
- Lápices de colores.

Procedimiento

1. Escribe en tu cuaderno el nombre de la flor que vas a examinar.
2. Observa, en primer lugar, los sépalos que forman el cáliz. Generalmente son de color verde.
   – ¿Cuántos sépalos tiene la flor?
3. Sobre el cáliz se encuentra la corola, que está formada por pétalos de colores.
   – ¿Cuántos pétalos tiene la flor?
4. Haz un dibujo de la flor y señala en él los elementos mencionados anteriormente.
5. Extrae con las pinzas los sépalos y los pétalos. En la flor quedarán el pistilo y los estambres.
   – ¿Cuántos estambres tiene tu flor?
6. Ahora, extrae un estambre con las pinzas y obsérvalo con la lupa de mano. Dibújalo en tu cuaderno y señala el lugar donde se encuentran alojados los granos de polen.
7. Arranca con las pinzas los estambres y deja bien visible el pistilo. Dibújalo.

   Observa el extremo superior del pistilo con la lupa. Probablemente tendrá un aspecto afelpado y pegajoso.
   – ¿Sabes por qué tiene este aspecto?
8. El profesor o la profesora te proporcionarán un pistilo cortado a lo largo. Con ayuda de una lupa de mano, observa los granos que hay en su interior: son los rudimentos de semilla.
   – ¿Cuántos hay en este pistilo? Realiza un dibujo del corte e indica cómo están dispuestos.

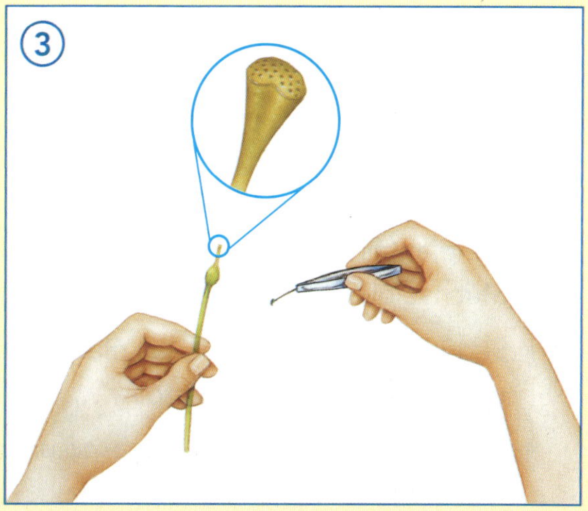

Repaso lo aprendido

1. Copia este mapa conceptual en tu cuaderno.

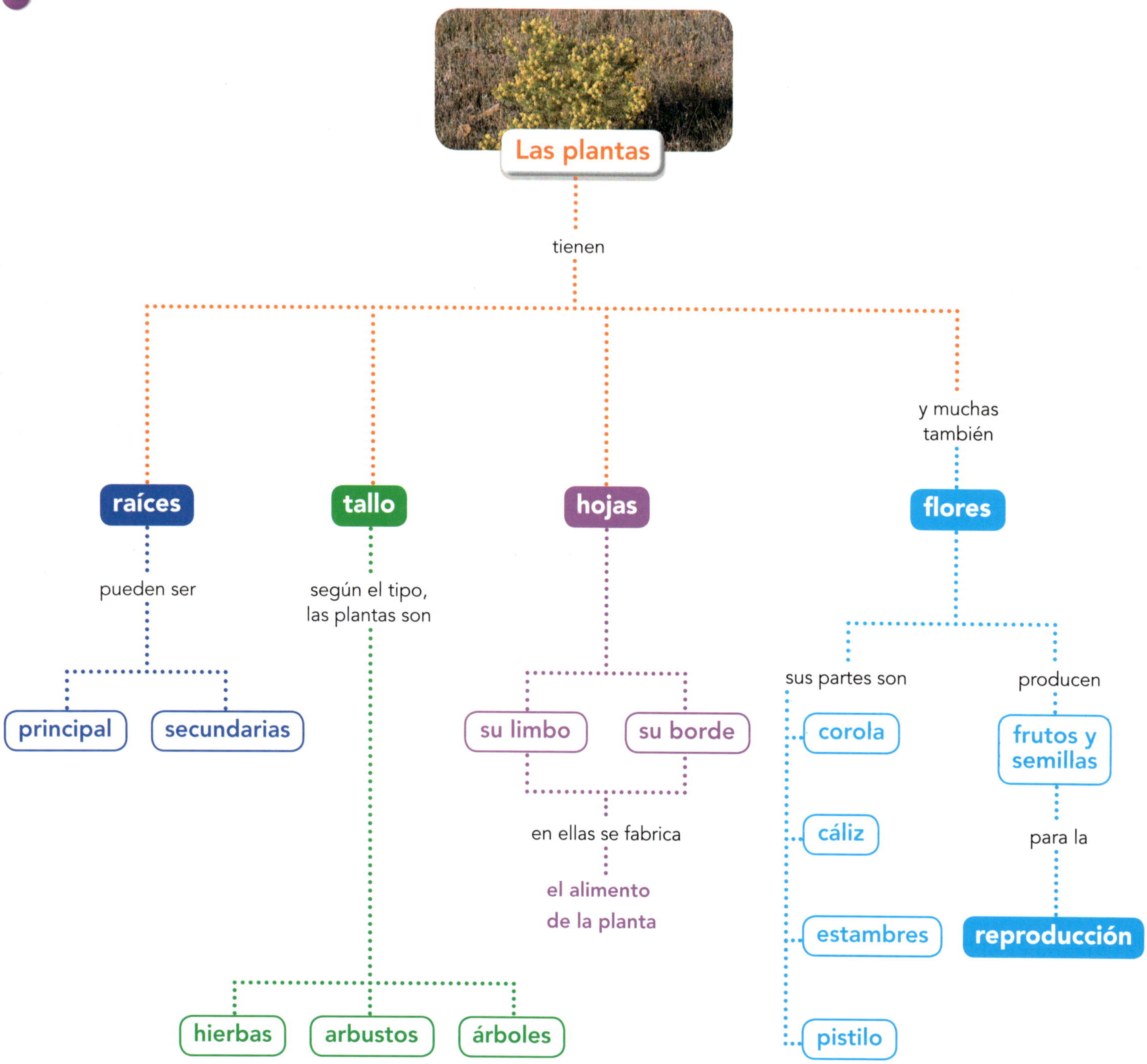

2. Copia y completa en tu cuaderno.

- Las plantas están formadas por ..., tallo y .... Muchas plantas también tienen ... .
- Según el tamaño del ..., las plantas se clasifican en tres grupos: ..., arbustos y ... .
- Las plantas elaboran su alimento en las ... gracias a una sustancia denominada ... .
- Las plantas toman el agua y las ... que necesitan de la tierra y, el ..., del aire.
- Los órganos reproductores de las plantas se encuentran en la ... .
- Los órganos que protegen la flor son la ..., un conjunto de ..., y el cáliz.

3. Corrige las frases que son falsas.

- Las plantas fabrican su propio alimento.
- Las hierbas tienen un tallo grueso y duro.
- Las plantas sin flores producen semillas.
- Las plantas solo necesitan para vivir mucha agua y luz.
- Los árboles de hoja perenne pierden sus hojas cuando hace frío.
- La clorofila se encuentra en las raíces de las plantas.
- Los órganos protectores de la flor son el cáliz y el pistilo.

4. Lee con atención y responde a las preguntas.

LA REPRODUCCIÓN VEGETATIVA

Un campesino para cultivar patatas no siembra las semillas de esa planta, sino que utiliza las propias patatas, que son tubérculos, un tipo de tallo subterráneo.

Cada tubérculo que se entierra origina una nueva planta de patata, que florece, produce frutos y semillas y también da lugar a nuevas patatas. A esta reproducción se llama reproducción vegetativa.

– ¿Qué se utiliza para cultivar las patatas en lugar de las semillas?
– ¿Qué parte de la planta es la patata?

JUGANDO TAMBIÉN SE APRENDE

5. Sopa de letras.

Busca en la siguiente sopa de letras siete palabras relacionadas con la flor. Escríbelas en tu cuaderno:

N	C	A	L	I	Z	P	E	T	S	L
M	I	D	H	X	V	U	S	K	P	S
C	A	V	S	P	I	S	T	I	L	O
O	R	J	E	G	E	D	A	L	A	V
R	N	S	P	I	C	Z	M	P	B	U
O	E	A	A	B	N	V	B	T	J	L
L	P	O	L	E	N	K	R	R	E	O
A	M	Q	O	U	T	I	E	X	P	H

6. ¿Qué palabras se esconden?

Ordena las sílabas que tienes a continuación y construye cinco palabras relacionadas con las plantas.

tos fi bres lla

mi bus ro

lim tam ar es

la clo se bo

Evalúo mis logros

1. **Copia las frases en tu cuaderno y relaciónalas con la función vital que les corresponde:**

- Los animales captan los estímulos que les llegan de su entorno y reaccionan.
- Después de nueve meses de embarazo, el bebé está listo para nacer.
- Gracias a los alimentos, las personas obtenemos la energía necesaria para realizar nuestras actividades.

2. **Clasifica estas partes de los órganos de los sentidos. Hazlo en tu cuaderno. Luego escribe, al lado de cada palabra, una O si pertenece al oído; una T si pertenece al tacto; una V si pertenece a la vista; una G si pertenece al gusto y OL si pertenece al olfato:**

pituitaria • córnea • oreja • retina • ceja • iris • caracol
papila • piel • tímpano • cristalino • pupila

3. **Indica qué órgano muestra cada dibujo y a qué aparato o sistema pertenecen:**

a
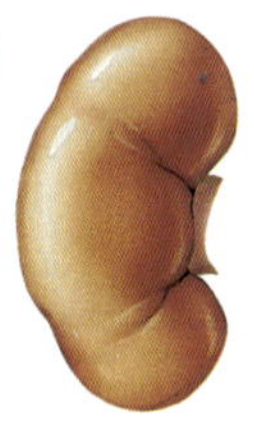

b

c
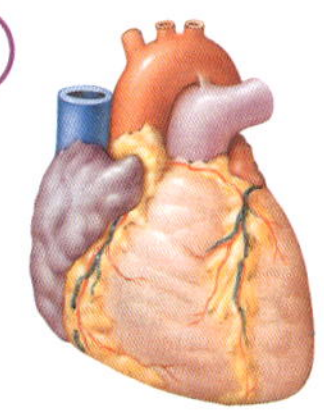

4. **Copia la pirámide de la alimentación saludable en tu cuaderno y coloca estos alimentos en los niveles adecuados:**

5. **Escribe en tu cuaderno los nutrientes que contienen estos alimentos:**

- Cereales, legumbres y patatas
- Verduras
- Leche y derivados
- Carne, pescado y huevo
- Mantequilla, aceites y embutidos
- Frutas

6. **Ordena las fases de la elaboración del alimento por la planta:**

a. En las hojas, la planta absorbe dióxido de carbono del aire.

b. Por el tallo el alimento llega a toda la planta.

c. Las raíces absorber agua y sales minerales.

d. La mezcla de agua y sales minerales es transportada hasta las hojas.

e. En las hojas, con el dióxido de carbono, el agua, las sales minerales y la luz, las plantas fabrican su alimento.

7. **Escribe la respuesta que el pez y el flamenco le darían al tigre:**

8. **Identifica estos animales. ¿Cuáles pasan por una metamorfosis?**

9. **Copia las tres columnas en tu cuaderno y relaciónalas. Para terminar, pon un ejemplo para cada caso y dibújalo:**

1. Respira por pulmones y por la piel.
2. Respira por pulmones.
3. Tiene el cuerpo dividido en anillos.
4. Respira mediante branquias.
5. Es un crustáceo.

ave
artrópodo
pez
anfibio
anélido

VERTEBRADO

INVERTEBRADO

10. **Imagina que irás con un amigo de excursión a un bosque. Escríbele un correo electrónico proponiéndole cómo podéis colaborar en su conservación.**

Practico competencias

1. **Nuestra clase organiza una visita al Museo de Ciencias Naturales:**
   - Observa el plano del museo y fíjate en el cartel. ¿Qué animales podrás encontrar en este museo?
   - Indica en qué sala colocarías cada una de las exposiciones teniendo en cuenta si los animales son vertebrados o invertebrados.
   - ¿Qué grupo de vertebrados no está representado?

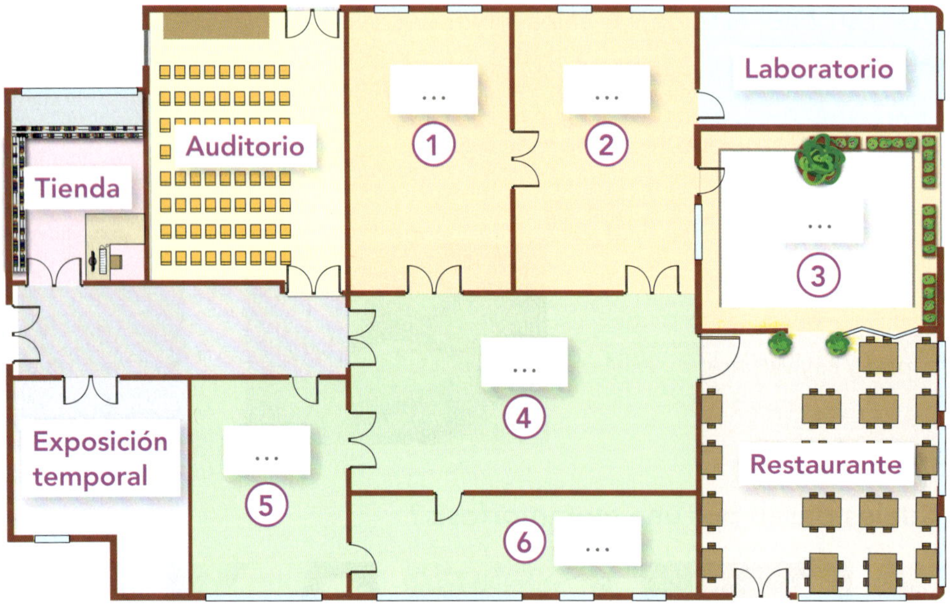

MUSEO DE CIENCIAS NATURALES

Podrás visitar:

- Moluscos del mundo
- Aviario
- Hormiguero
- Mariposario
- Acuario. Peces tropicales
- Terrario. Anfibios y reptiles

Vertebrados

Invertebrados

2. **En la *Exposición temporal* podemos ver una proyección audiovisual sobre la vida de las ballenas:**
   - Ordena las frases sobre estos animales para que tengan sentido:
     1. … está recubierto de una espesa capa de grasa.
     2. … del cerebro para dormir y la otra para acordarse de respirar.
     3. No duerme como nosotros; utiliza solo una mitad …
     4. es el animal más grande de la Tierra. Su cuerpo …
     5. La ballena azul …

3. **En el *Auditorio* participamos en un taller de representación de animales:**
   - Por parejas, elegid dos animales en situaciones concretas. Podéis inspiraros en las propuestas de la lista.
   - Recordad sus características principales (cómo es, de qué se alimenta, cómo se reproduce...). Pensad en los movimientos de los animales para intentar reproducirlos después.
   - Improvisad un diálogo entre los animales y representadlo.
   - Valorad entre todos el resultado de vuestra representación.

Algunas propuestas

- ✔ Un camello en el desierto.
- ✔ Una abeja en su colonia.
- ✔ Una gacela escapando.
- ✔ Una oruga comiendo.
- ✔ Una tortuga incubando.
- ✔ Un águila con su cría.

4. En el *Aviario* viven muchas especies de aves de todo el mundo:

- Reconstruye las piezas del puzle para formar la imagen de tres aves:

- Asocia cada ave con una característica y, luego, con su nombre. Si es necesario, amplía la información en Internet.

Caza abejas con su largo pico. | Tiene el pico plano. | Tiene manchas negras.

Cernícalo | Pato | Abejaruco

5. Una vez terminada la visita, vamos a reponer fuerzas en el *Restaurante*:

- Elige un desayuno equilibrado:

Desayuno 1

Zumo de frutas
+
bocadillo

Desayuno 2

Bolsa de patatas
+
polo de limón

Desayuno 3

Yogur
+
barrita de cereales

- Para almorzar, elabora un menú saludable. Justifica tu elección desde el punto de vista de los nutrientes.

Primeros platos

- Espaguetis con tomate
- Quesito
- Sopa con garbanzos

Segundos platos

- Carne a la plancha con ensalada
- Chorizo
- Pescado con patatas al horno

Postres

- Plátano
- Dónut
- Tarta casera

- ¿Qué medida de higiene tenemos que tomar antes de comer? ¿Por qué es importante?

6. ¿Has visitado alguna vez un museo?

- Cuenta la visita a un museo que recuerdes y te haya gustado particularmente.

6 La materia y la energía

La isla misteriosa

***La isla misteriosa* narra la historia de cinco hombres en una isla desierta de los mares del Sur. Para sobrevivir deberán desarrollar su ingenio y mostrar sus habilidades.**

Necesitaban hacer fuego y Pencroff le preguntó si, por casualidad, le quedaba alguna cerilla. Gedeón buscó en sus bolsillos, no encontró nada y dijo:

–Tenía, pero he debido de tirarlas…

–¿No tiene una cerilla?

–Ni una y, por consiguiente, no hay fuego.

–Pero usted siempre ha llevado cerillas. Quizá no ha buscado bien… Busque más, una nos bastaría.

Gedeón volvió a registrar todos sus bolsillos y, al fin, sintió un pedacito de madera en el forro del chaleco. Sus dedos lo habían sentido a través de la tela, pero no podían sacarlo. Con cuidado logró extraer aquel pedacito de madera.

–¡Una cerilla! –exclamó.

Aquel pedacito de madera del que hay tanta cantidad en los países habitados, exigía, en las circunstancias en que se hallaban los náufragos, una gran precaución.

Pencroff tomó un pedazo de papel y lo dobló en forma de cuña. Cogió un puñado de hierbas y hojas secas y las puso bajo los leños y las astillas, de manera que el aire pudiera circular libremente y quemar la leña seca con rapidez.

Tomó un guijarro y frotó la cerilla conteniendo la respiración.

Julio VERNE: *La isla misteriosa* (adaptación).
León, Editorial Everest, 1999.

En este tema descubrirás:

- **Qué es la materia.**
- **Qué tipos de materiales hay y para qué se usa cada uno de ellos.**
- **Qué es la energía y las formas de energía que existen.**
- **Cómo puedes ahorrar energía.**

1. ¿Qué aparatos de tu casa dejarían de funcionar si se produjera un corte de luz? Elabora una lista en un documento en el ordenador.

2. ¿Apagas la luz cuando sales de una habitación si no queda nadie dentro? ¿Por qué?

Lee y comprende

3. Busca en un diccionario la definición de la palabra *náufrago*. ¿Los náufragos se encuentran en un lugar habitado?

4. ¿Para qué necesitan fuego estos náufragos? ¿Por qué utilizan hojas y leña seca? ¿Para qué quieren el papel?

Exprésate con tus palabras

5. Imagina como sigue esta historia y cuéntalo.

1 La materia

1 ¿Qué es la materia?

Todo lo que nos rodea, como el mar, las rocas y el aire está formado por **materia**. También son materia los objetos que fabricamos, como una silla, un libro o un ordenador.

Todas estas cosas tienen diferentes aspectos y propiedades, porque están hechas con diferentes tipos de materia. A cada tipo de materia se le llama **sustancia**.

Sin embargo, la amistad, la alegría o la luz no son materia.

explorador@digital
La materia
www.tiching.com/613285

2 Las propiedades de la materia

Todos los cuerpos, al estar formados por materia, tienen dos propiedades:

- La **masa**. Es la cantidad de materia que tiene el cuerpo. La masa se suele medir en kilogramos (kg) y en gramos (g).
- El **volumen**. Es la cantidad de espacio que ocupa la materia. Se suele medir en litros (L) y mililitros (mL).

La moto tiene una masa de 100 kg, y la bicicleta, de 20 kg. La moto tiene más masa que la bicicleta.

La pelota de baloncesto ocupa más espacio que la de golf. Así pues, la pelota de baloncesto tiene más volumen.

3 Los estados de la materia

La materia se presenta en **tres estados físicos**: sólido, líquido y gaseoso.

MATERIA SÓLIDA

Tiene siempre el mismo volumen. Su forma puede cambiar.

MATERIA LÍQUIDA

Tiene volumen fijo, pero su forma se adapta a la del recipiente que la contiene.

MATERIA GASEOSA

No tiene forma ni volumen fijos. Ocupa el volumen y adopta la forma del recipiente.

4 Cambios físicos de la materia

Hay sustancias que pueden cambiar de **forma**, pero continúan siendo la misma sustancia. Es lo que le sucede a la plastilina al moldearla, o al vidrio al romperse.

Otras sustancias pueden cambiar de **volumen**. El acero aumenta de tamaño cuando la temperatura sube, pero sigue siendo acero.

Hay sustancias que pasan de un **estado** a otro por un cambio de temperatura. Es lo que sucede con el agua.

1. Observa las imágenes. ¿La sustancia que se muestra es la misma en las tres fotografías?
2. ¿De qué sustancia se trata?
3. ¿Qué cambios de estado se producen aumentando la temperatura? ¿Y disminuyéndola?

LOS CAMBIOS DE ESTADO

5 Cambios químicos de la materia

En ocasiones, una sustancia se transforma en otra diferente al experimentar un cambio.

Es lo que sucede al prender fuego a un trozo de leña. Esta arderá y se transformará en cenizas y humo: la madera se ha transformado en otras sustancias. A este fenómeno se le llama **combustión**.

Al freír un huevo cambiamos el aspecto del huevo y sus características: se vuelve más sólido y de diferente color. Este proceso recibe el nombre de **cocción**.

Una vez cocido, ya no podemos volver a tener el huevo original.

Las sustancias que arden con facilidad se llaman **combustibles**.

4. Pon tres ejemplos distintos a los del texto de cosas que sean materia.
5. Ordena los animales de mayor a menor masa:
   caballo – gato – elefante
   lagartija – ballena
6. ¿En qué estados la materia varía de volumen? ¿En qué estados puede cambiar de forma?
7. ¿Cuáles de estas sustancias son combustibles?
   agua – carbón – vidrio
   gasolina – cemento

2 Las mezclas

1 Sustancias puras y mezclas

Si tomamos un vaso de agua azucarada y lo dejamos cerca de una fuente de calor, el agua acabará por evaporarse y quedará un residuo blanco en el fondo del vaso: el azúcar.

Podemos decir que el agua azucarada es una sustancia formada por otras dos sustancias: agua y azúcar.

Una **sustancia pura** es una sustancia formada por un único tipo de materia. Por tanto, el agua y el azúcar son sustancias puras.

Por otro lado, una **mezcla** está formada por dos o más sustancias puras.

EJEMPLOS DE SUSTANCIAS PURAS

1. Piensa tres ejemplos de sustancias puras y escríbelas en tu cuaderno.

2 Mezclas homogéneas

El agua de mar es una mezcla homogénea de agua y diferentes sales.

Las **mezclas homegéneas** son aquellas en las que no se pueden distinguir a simple vista las sustancias que las forman.

Son ejemplos de este tipo de mezclas el agua azucarada ya que no se pude distinguir el agua del azúcar, el agua de colonia o la gasolina.

2. Elabora una lista con cinco mezclas homogéneas.

3. ¿Te parece que el aire es una mezcla homogénea? ¿Por qué?

3 Mezclas heterogéneas

Las mezclas en las que sí se distinguen los componentes que las forman reciben el nombre de **mezclas heterogéneas**.

El granito, una sopa de fideos o una ensalada son mezclas heterogéneas.

4. Piensa en tres ejemplos de mezclas heterogéneas que puedes hacer con algunos alimentos.

El granito está formado por tres minerales que se distinguen a simple vista: el cuarzo, el feldespato y la mica.

3 Descubro...

Identificación de mezclas

Ya sabes que existen dos tipos de mezclas. Te proponemos que aprendas a diferenciarlas. Lee estos textos y contesta a las preguntas:

Mezclas homogéneas

En las mezclas homogéneas, los **componentes no se pueden distinguir a simple vista**.

Por ejemplo, cuando mezclamos en un vaso agua dulce y sal, y removemos bien, no podemos distinguir la sal del agua.

Mezclas heterogéneas

En las mezclas heterogéneas, **sus componentes se distinguen fácilmente**.

Si mezclamos piedras y agua, aunque removamos la mezcla, seguimos distinguiendo perfectamente el agua de las piedras.

a. Observa las cuatro imágenes y escribe en tu cuaderno si son mezclas homogéneas o heterogéneas.

b. Nombra un ejemplo de una mezcla de tipo homogéneo de un sólido con un líquido.

c. Nombra un ejemplo de una mezcla de tipo heterogéneo entre dos líquidos.

d. Elige tres alimentos en polvo que tengas en la cocina de casa, como:

- harina
- cacao
- pimentón

– Si mezclas cada uno con agua, ¿qué crees que sucederá?

– ¿Qué tipo de mezcla obtendrás?

1 Arena de playa

2 Leche y azúcar

3 Agua y aceite

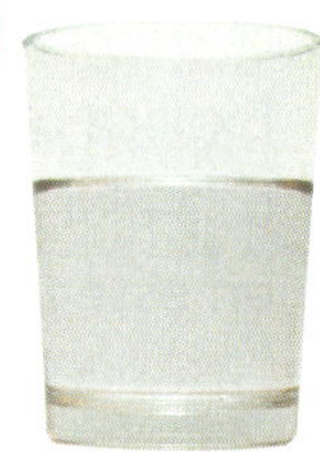

4 Agua y sal

e. Experimenta con esas sustancias mezclándolas entre sí y con agua:

– Haz un breve informe sobre los resultados obtenidos.

– Compáralos con los resultados de tus compañeros.

– ¿Qué parte del experimento te ha parecido más interesante?

5. ¿Qué tipo de mezcla obtienes cuando añades cacao y cereales a la leche del desayuno?

6. ¿Una macedonia de frutas es una mezcla homogénea o heterogénea? ¿Y la masa para hacer un pastel qué tipo de mezcla es?

4 Los materiales

1 ¿Qué es un material?

Cada sustancia que se utiliza para fabricar objetos, como las mesas, unos zapatos o unas bicicletas, se denomina **material**.

Los materiales pueden ser de dos tipos: naturales y artificiales.

1. ¿Puede ser la madera un material?

La lana es un material natural, y el vidrio, un material artificial.

2 Los materiales naturales

Los **materiales naturales** son los que se encuentran directamente en la naturaleza. Estos materiales pueden ser:

- De **origen animal**. Proceden de los animales, como el marfil, la seda, la lana o el cuero.
- De **origen vegetal**. Se consiguen a partir de las plantas: corcho, algodón, madera, resina.
- De **origen mineral**. Se obtienen de las rocas y los minerales, como la arcilla, el granito, la sal y el diamante.

2. Explica qué son los materiales naturales y pon tres ejemplos de cada tipo que no aparezcan en este texto.

Con la piel de algunos animales se obtiene el cuero, que se utiliza para la fabricación de bolsos, cinturones y zapatos.

3 Los materiales artificiales

3. Observa la fotografía. Indica de qué material están hechos los objetos numerados.

Los **materiales artificiales** no se encuentran en la naturaleza, sino que se obtienen mediante la transformación de los materiales naturales:

- Para conseguir el **tejido** necesario para confeccionar un **traje**, tenemos que cardar y trenzar los hilos que proceden de la **lana** o el **algodón**.
- Para fabricar una **botella** o una **jarra** hay que fundir **arena** con otras sustancias minerales que producirán el **vidrio**, al que se le dará la forma deseada.
- Para fabricar una **bolsa** podemos utilizar **plástico**, un material artificial que se obtiene del **petróleo**.

LA FABRICACIÓN DEL PAPEL

La madera es uno de los principales materiales de origen vegetal. Se emplea para fabricar puertas, ventanas, y muebles.

De la **madera** también se obtiene la **celulosa** que sirve para fabricar **papel**. Para ello se siguen los siguientes pasos:

1. El proceso de fabricación del papel empieza con la tala de los árboles.

2. Los troncos se trasladan a la fábrica donde se les quita la corteza.

3. La madera se tritura y se mezcla con agua y otras sustancias hasta obtener una pasta (celulosa).

4. La pasta pasa por unas máquinas hasta convertirse en papel.

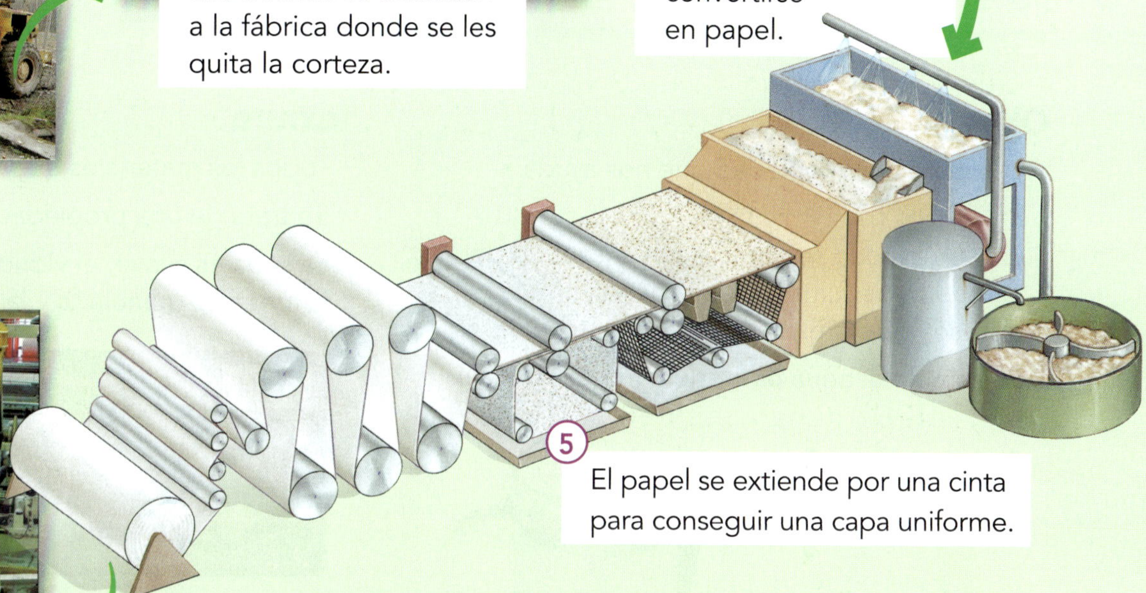

5. El papel se extiende por una cinta para conseguir una capa uniforme.

6. El papel que se ha fabricado se almacena en grandes bobinas.

4. Explica cómo se fabrica el papel.

5. ¿Qué productos se fabrican con papel?

6. Para obtener 1000 kilogramos de papel se necesita talar 12 árboles. ¿Te parece adecuado no malgastar el papel y reutilizarlo? ¿Sabes qué es el papel reciclado?

7. Clasifica en una tabla los siguientes materiales, según sean naturales o artificiales:

madera – concha – arena – cuerda – tinta
mermelada – caucho – oro

8. Averigua qué materiales se necesitan para fabricar el lápiz que usas para realizar tus tareas.

9. Dividid la clase en tres grupos. Cada grupo deberá elaborar uno de estos objetos:

A. Caja de madera para guardar papel.
B. Caja de cartón para guardar colores.
C. Archivador de cartón.

– ¿Qué materiales habéis utilizado? ¿Qué pasos habéis seguido para elaborarlos?

5 Descubro...

Las propiedades de los materiales

Los materiales son muy diferentes unos de otros. Unos se rompen con facilidad; en cambio, otros se doblan para volver después a su estado inicial.

Esto es debido a que cada material tiene unas propiedades determinadas que lo diferencian del resto.

Estas propiedades permiten que un material sea útil para fabricar unos objetos, pero no para fabricar otros.

Olor

El olor es una propiedad que nos ayuda a diferenciar los materiales.

Esta propiedad se aprecia con el sentido del olfato. Un perfume o la lejía tienen un olor intenso; los olores de las maderas son suaves.

En cambio el agua es inodora (no tiene olor).

Color

Cada material tiene un color característico.

Por ello, distinguimos los materiales por sus colores: la arcilla es marrón, el algodón es blanco, el carbón es negro, el oro es amarillo...

Textura

Todos los materiales que nos rodean tienen textura.

Se trata de una propiedad que se aprecia con el tacto.

La seda es suave, el vidrio es liso, el granito es rugoso, la arena es granulada y la corteza de un árbol es áspera.

Fragilidad

Es la propiedad que tienen algunos materiales de romperse cuando se caen o cuando impactan contra un objeto.

Por lo tanto, un material es frágil si se rompe con facilidad al golpearlo, como sucede, por ejemplo, con el vidrio o la cerámica.

Resistencia

La resistencia de un material indica la capacidad que tiene para soportar un peso sin romperse.

El hormigón, el acero y el cobre son materiales muy resistentes.

Aislante térmico

Son los materiales que no dejan pasar el calor, como por ejemplo, la cuchara hecha de madera, que no se calienta al remover un líquido que se está calentando.

Elasticidad

Los materiales elásticos son los que se deforman, pero recuperan su forma anterior una vez ha desaparecido la fuerza que los deformaba.

Estos materiales se utilizan para fabricar, por ejemplo, camas elásticas y pelotas para saltar.

Conductor térmico

Son los materiales que sí dejan pasar el calor.

Son conductores térmicos, por ejemplo, el hierro, el aluminio y el acero que se utilizan, entre otras cosas, para fabricar sartenes.

1. Elabora y completa una tabla en tu cuaderno con los nombres de ocho objetos que se encuentran en el aula. Indica en la casilla correspondiente:
   - De qué material están hechos.
   - Alguna propiedad que tengan y que los distinga claramente.

2. Explica en qué consisten la resistencia y la fragilidad. Pon dos ejemplos de objetos que tengan estas dos propiedades.

3. Si quieres fabricar un muelle, ¿qué propiedad deberá tener el material que emplearás? ¿Qué materiales usarías para fabricar un estuche para guardar lápices? ¿Por qué?

6 La energía

1 ¿Qué es la energía?

Seguro que en alguna ocasión te han dicho que debes desayunar bien para tener energía durante el día. Pero ¿sabes qué es la energía?

La **energía** es lo que hace que los cuerpos se muevan, cambien su forma o sus propiedades.

1. ¿Por qué es necesario que comas y bebas agua para practicar tu deporte favorito?

Para realizar tus actividades diarias necesitas una alimentación sana y variada. Los **alimentos** son tu fuente de energía.

2 Las formas de energía

Existen diferentes **formas de energía**. Las más comunes son: luminosa, eléctrica, mecánica, calorífica y química.

Energía luminosa
Es la de la luz, como por ejemplo, la que procede del Sol o una bombilla.

Energía eléctrica
Hace funcionar los electrodomésticos (lavadora, cocina, aspirador, televisor…) y los aparatos electrónicos (ordenador, tableta…).

Energía química
Se encuentra en las pilas, alimentos y combustibles.

Energía mecánica
Es la que tienen los cuerpos por estar, por ejemplo, en movimiento.

Energía térmica o calorífica
Es el calor, como el que desprende una plancha encendida o una estufa.

2. ¿Qué momento del día representa el dibujo?
3. Pon ejemplos de cada forma de energía que aparezcan en esta escena.
4. ¿Qué aparatos nos dan calor cuando hace frío? ¿Qué forma de energía emiten?

3 La energía se transforma

Una forma de energía puede **transformarse** en otra forma de energía.

Es lo que sucede, por ejemplo, con una linterna. La energía química de las pilas se transforma en energía luminosa.

Diariamente utilizamos aparatos que necesitan energía eléctrica para funcionar, que se transforma en otras formas de energía, tal como puedes ver en los ejemplos siguientes.

La **energía química** del combustible que emplea este automóvil se **transforma** en **energía mecánica** para desplazarse.

LA TRANSFORMACIÓN DE LA ENERGÍA ELÉCTRICA

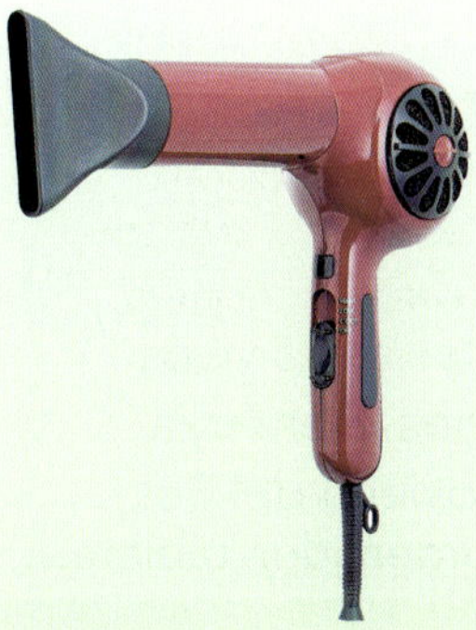

Un secador de pelo transforma la energía eléctrica en energía calorífica.

La bombilla de una lámpara transforma la energía eléctrica en energía luminosa y, también, en energía calorífica por el calor que desprende.

La energía eléctrica que utiliza un ordenador se transforma en luminosa a través de la luz que emite la pantalla.

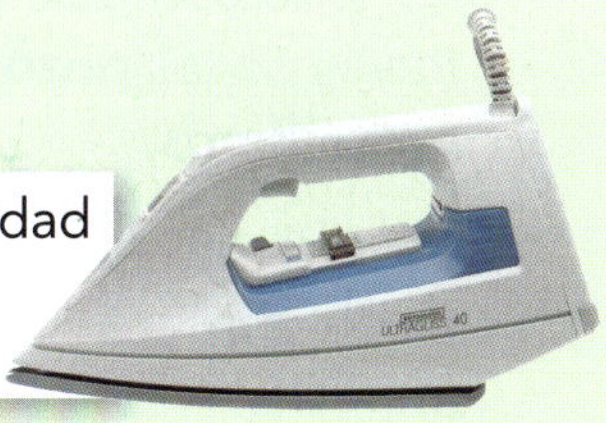

La plancha necesita electricidad para funcionar y transmitir energía calorífica.

5. En grupos de cuatro, elaborad una lista con los aparatos de la escuela que funcionan con energía eléctrica. Clasificadlos en función de si dan calor o luz.

6. Explica qué es la energía. Cita distintas formas de energía.

7. ¿Qué forma de energía es la que emite una linterna? ¿Y la que hace que una cometa vuele?

8. ¿Qué transformación de la energía tiene lugar cuando pones en marcha una batidora eléctrica? ¿Y un horno de cocina?

9. ¿Por qué en la actualidad necesitamos más energía que en los tiempos pasados?

7 La producción de energía

1 ¿Qué son las fuentes de energía?

Las **fuentes de energía** son los recursos naturales de los que obtenemos la energía. Estas pueden ser de dos tipos:

- **Fuentes de energía no renovables**. Se encuentran en la Tierra en cantidades limitadas y, a medida que se gastan, se van agotando.

  El **carbón**, el **petróleo** y el **gas natural** son fuentes de energía no renovables.

- **Fuentes de energía renovables**. Son prácticamente inagotables porque, aunque se consuman, se renuevan y no desaparecen.

  El **viento**, el **agua** y el **Sol** son fuentes de energía renovables.

1. ¿En qué se diferencian las energías renovables de las no renovables?
2. ¿Cómo se obtiene el carbón?
3. ¿Dónde se encuentran el gas natural y el petróleo? ¿Cómo se extraen del interior de la Tierra?

LAS FUENTES DE ENERGÍA

NO RENOVABLES

Petróleo

Es un líquido oscuro que se extrae del interior de la Tierra bombeándolo a través de los **pozos petrolíferos**.

Del petróleo se obtienen combustibles como la gasolina y el gasóleo.

Gas natural

Se encuentra junto al petróleo y, por ello, se extrae también de los yacimientos petrolíferos.

Carbón

Es una roca de color negro que se encuentra en el subsuelo terrestre.

Para extraerlo de sus yacimientos se excavan **minas** subterráneas.

RENOVABLES

Sol

Todos los seres vivos utilizamos la energía que proviene del Sol.

La energía solar también se puede utilizar para producir energía eléctrica.

Agua

Para producir energía se utiliza el agua de los ríos y la almacenada en los embalses.

Viento

El viento es el aire que está en movimiento.

Cuando el viento sopla con una determinada fuerza puede utilizarse como fuente de energía.

2 La producción de energía eléctrica

La **energía eléctrica** es una de las más utilizadas. Esto se debe a que es fácil de **transportar** desde su lugar de origen hasta el lugar de consumo y a que es sencilla de **transformar** en otras formas de energía.

La energía eléctrica, o **electricidad**, se produce en las **centrales eléctricas**.

Existen diferentes tipos de centrales que transforman cada una de las fuentes de energía en electricidad.

exploradora@digital
La producción de electricidad
www.tiching.com/613284

4. Escribe los nombres de las centrales eléctricas que usan la energía del agua, del Sol y del viento.

¿DE DÓNDE VIENE LA ELECTRICIDAD?

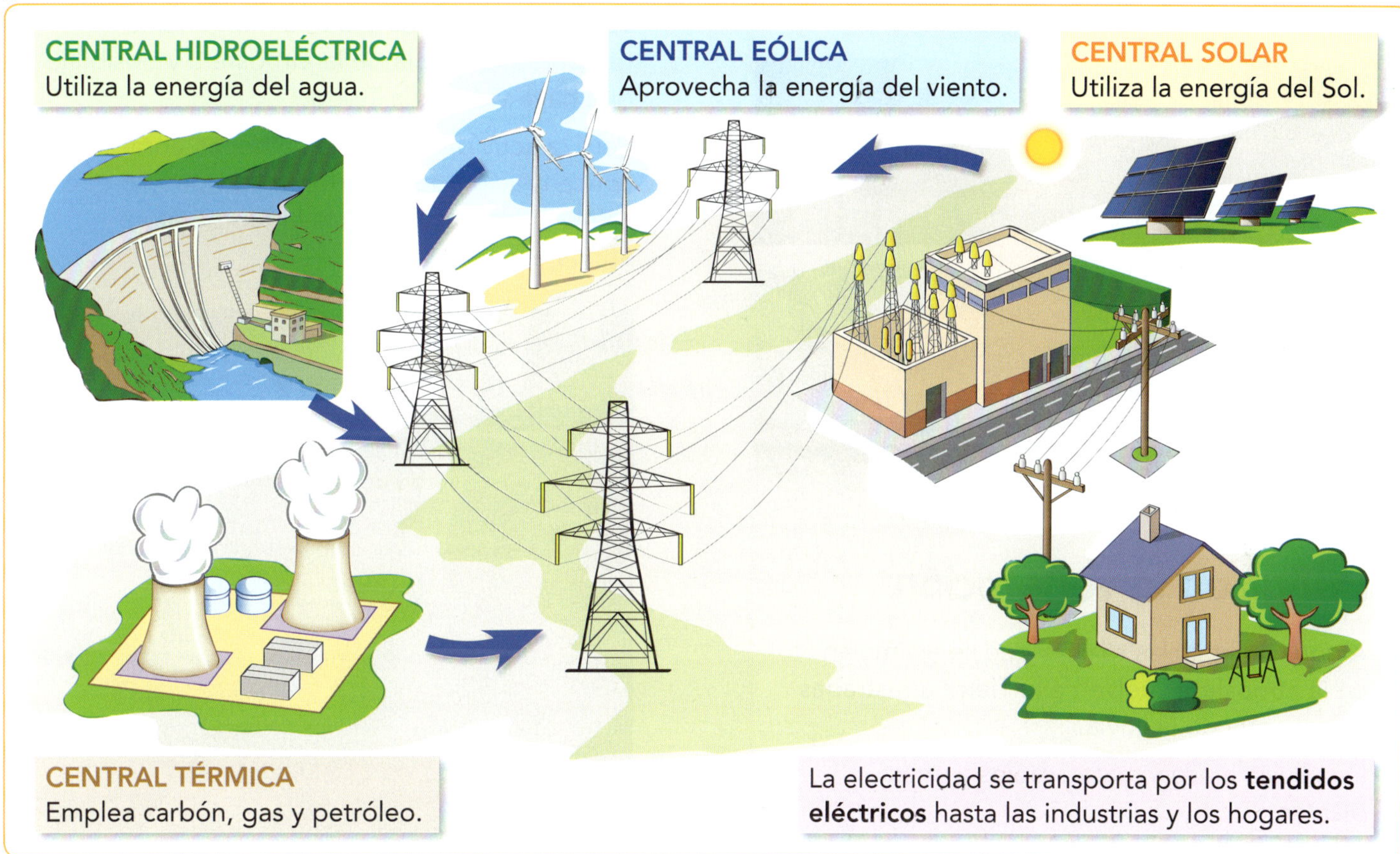

5. Las fuentes de energía no renovables pueden llegar a agotarse. Pensad qué medidas podrían resolver esta situación. Debatidlo en clase.

6. Averigua de dónde proviene la energía eléctrica que llega a tu casa.

7. Para aprovechar la energía del Sol se utilizan paneles solares:

– ¿Sería rentable instalar paneles solares en el fondo de un valle estrecho? ¿Y en el centro de una gran llanura? Justifica tus respuestas.

8 Descubro...

La contaminación del aire y...

La mayor parte de la electricidad que consumimos se obtiene en las centrales eléctricas que utilizan como fuentes de energía carbón, gas natural y petróleo.

Los gases que emiten al quemarse estos combustibles son tóxicos y contaminan el aire. Algunas consecuencias de esta contaminación son:

Problemas de salud en las personas

El aire contaminado puede causar alergias y enfermedades respiratorias, como por ejemplo, el asma y la bronquitis.

Daños en la vegetación

Algunas sustancias tóxicas que se acumulan en la atmósfera vuelven a la Tierra arrastradas por el agua de la lluvia.

Esta lluvia ataca y mata árboles y otras plantas.

Temperatura del planeta más alta

El dióxido de carbono es uno de los gases que componen el aire.

Junto a otros gases ayuda a mantener la temperatura media de la atmósfera y posibilita que haya vida en la Tierra.

Pero la actividad humana ha hecho aumentar la concentración de dióxido de carbono, lo que ha provocado una subida de la temperatura atmosférica.

Este calentamiento es la causa de que se fusionen el hielo de los polos y los glaciares, y de que se produzcan lluvias torrenciales en algunos lugares de la Tierra y periodos de sequía en otros.

... el uso responsable de la energía

Para evitar contaminar y dañar el medio natural debemos reducir el consumo de energía.

Tú puedes ahorrar energía en casa. Para ello puedes hacer lo siguiente:

Desconectar los aparatos electrónicos

No dejes encendido el televisor si no lo estás mirando, el equipo de música si no lo estás escuchando, ni el ordenador o la tableta si no los estás usando.

Al apagarlos fíjate en que la luz roja no quede encendida.

Apagar las luces

Apaga la luz de tu habitación, o de cualquier otra habitación de la casa, cuando no haya nadie en ella.

Usar bombillas de bajo consumo

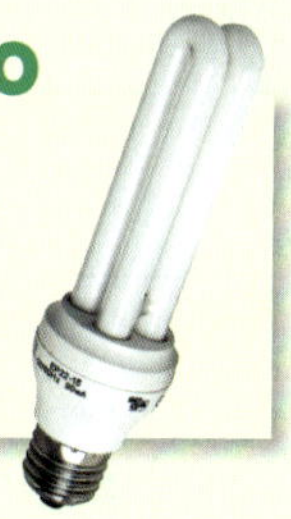

Este tipo de bombillas son muy duraderas y gastan mucha menos energía eléctrica que otras bombillas.

Cerrar el frigorífico

No dejes la puerta del frigorífico abierta, pues lo que hay en su interior se calienta y el frigorífico consume más energía para volver a enfriarlo.

También se puede ahorrar energía:

- Usando electrodomésticos de bajo consumo energético.
- Utilizando energías renovables en el hogar.
- Regulando la temperatura de la calefacción. Una temperatura de entre 20 °C y 22 °C es suficiente para tener un ambiente cálido.
- Regulando la temperatura del aire acondicionado. Al conectarlo ajusta el termostato a una temperatura de entre 24 °C y 26 °C. Desconéctalo cuando no haya nadie en casa.

1. Con ayuda de un adulto, cuenta todas las bombillas eléctricas que hay en tu casa. ¿Cuántas de esas bombillas son de bajo consumo?

2. Pensad qué podéis hacer para reducir el consumo de electricidad en el colegio. Haced un mural con las propuestas y colgadlo en un lugar visible de la escuela.

Repaso lo aprendido

1. Copia este mapa conceptual en tu cuaderno.

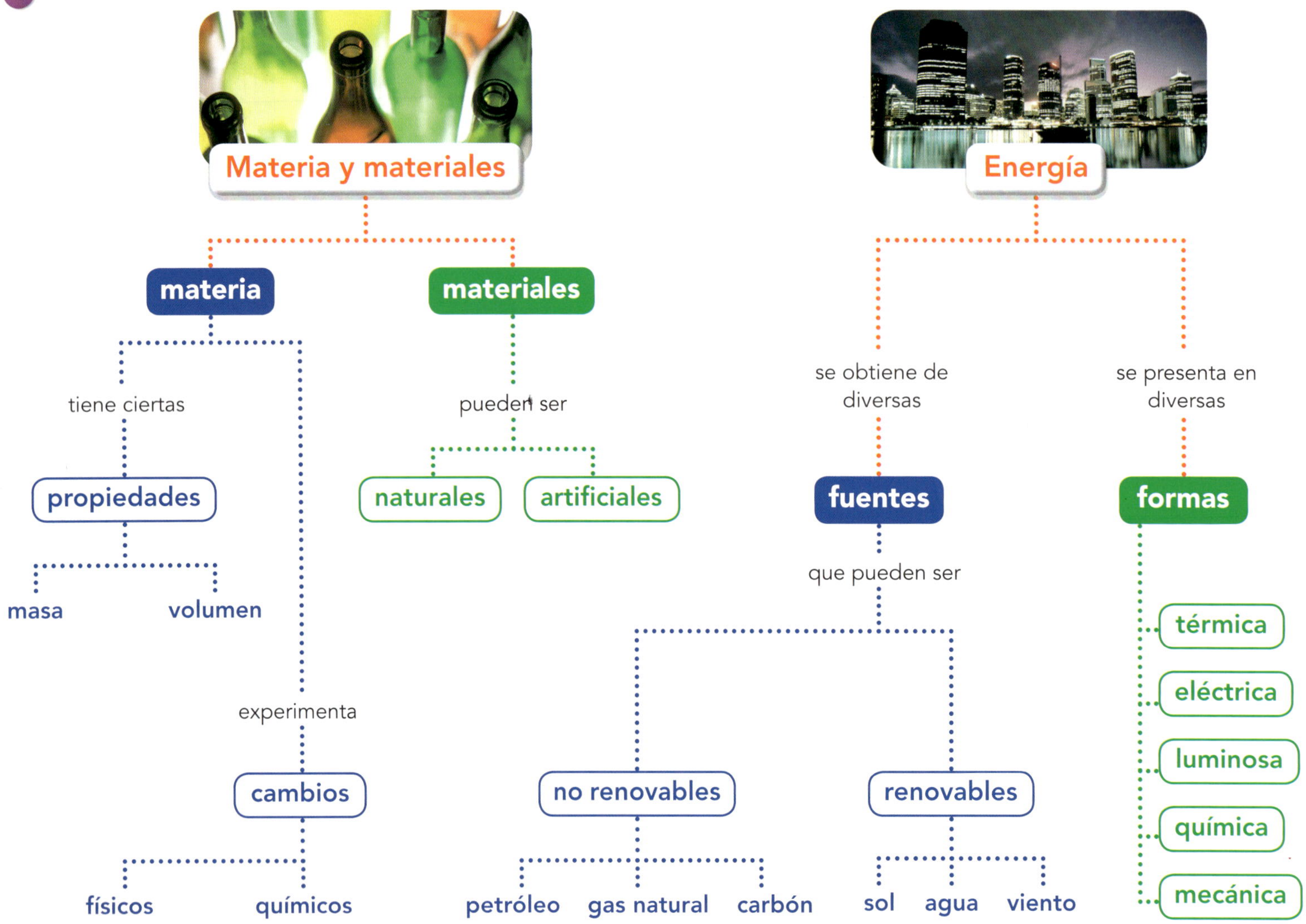

2. Copia y completa en tu cuaderno.

- A cada tipo de materia se lo llama … .
- La materia se presenta en tres estados: …, … y … .
- Cada sustancia que se utiliza para fabricar objetos es un … .
- Los materiales naturales pueden ser de origen …, … y … .
- El vidrio y el plástico son materiales … .
- La … es la causa de que los cuerpos se muevan, cambien su forma o sus propiedades.
- Las fuentes de energía se clasifican en … y … .
- En las … eléctricas se produce energía … .
- Para evitar contaminar el medio natural debemos reducir el consumo de … .

3. Resume mediante una redacción.

- Explica en una breve redacción qué medidas se pueden tomar para hacer un uso responsable de la energía.
- Debes utilizar las siguientes expresiones: *luz, bombillas, bajo consumo, electrodomésticos, aire acondicionado, calefacción, frigorífico.*

4. Encuentra en esta sopa de letras el nombre de los seis materiales de las fotografías y cópialos en tu cuaderno.

C	P	D	O	P	A	P	E	L	G
F	R	T	Z	L	A	M	O	X	J
U	E	T	Y	A	X	A	T	F	Y
T	V	E	P	S	U	D	A	E	F
R	O	J	Q	T	R	E	L	N	V
E	Z	I	V	I	D	R	I	O	R
O	T	D	U	C	E	A	U	I	T
V	E	O	S	O	V	U	R	V	O
I	J	G	H	M	S	E	O	L	W
D	I	A	M	A	N	T	E	I	E

5. Relaciona las expresiones de las columnas.

energía	energías renovables
sol, agua y viento	energías no renovables
petróleo, gas natural y carbón	ahorro energético
medioambiente	movimiento

JUGANDO TAMBIÉN SE APRENDE

6. Busca los errores.

Fíjate en el contenido de cada recipiente y señala en tu cuaderno los errores respecto a los estados de la materia.

SÓLIDO

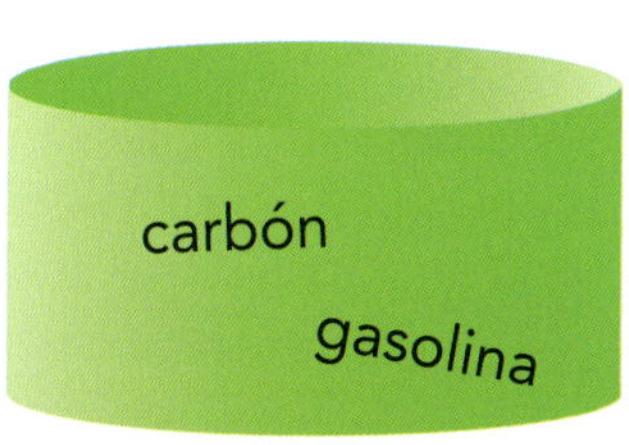

LÍQUIDO

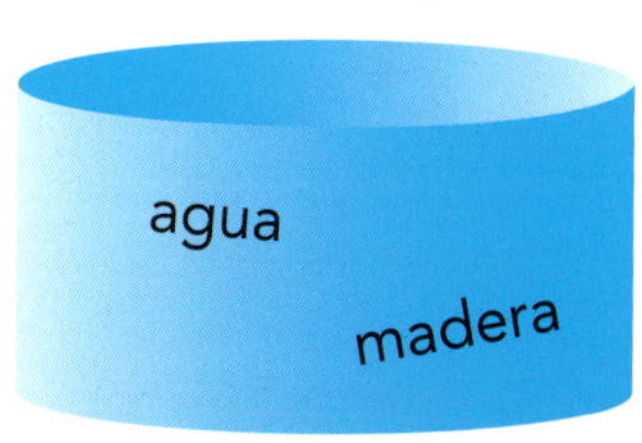

GASEOSO

7 Las máquinas

En este tema descubrirás:

- **Qué son las máquinas simples y las máquinas compuestas y para qué sirven.**
- **Cómo es una máquina compuesta: la bicicleta.**
- **Cómo han mejorado nuestras vidas algunos grandes inventos.**

1. ¿Sabes dónde se encuentra la gran pirámide?
2. Cuando se construyó la gran pirámide, los egipcios no conocían la rueda. ¿Qué máquinas conoces que utilicen la rueda? Haz una lista en un documento en tu ordenador.

La gran pirámide

La gran pirámide fue construida por Keops, segundo faraón de la Cuarta Dinastía del Antiguo Egipto, en torno al 2550 a.C.

Tenía 147 metros de altura (pero ha perdido la punta). Cada lado medía 200 metros de largo. Cerca hay dos pirámides más pequeñas, construidas por los faraones Kefrén y Micerinos.

Para construir la gran pirámide fueron necesarios más de veinte años, y se utilizaron más de dos millones de bloques de piedra. Cada bloque pesaba cerca de 2 500 kilogramos.

Muchos bloques son de piedra calcárea. Para tallar los bloques, los canteros hacían agujeros y metían cuñas de madera, y después las mojaban: la madera se hinchaba y la piedra se rompía a lo largo de la línea que habían establecido.

Otros bloques son de granito. Resulta increíble cómo los canteros fueron capaces de trabajarlos: de hecho, ¡solo tenían herramientas de cobre o de piedra!

No está claro cómo fue construida. Quizá las piedras eran arrastradas sobre plataformas especiales tiradas por grupos de obreros. Después, los obreros remolcaban las piedras con sogas a lo largo de planos inclinados hasta el punto de la pirámide donde tenían que ser colocadas.

Geronimo STILTON: *Viaje en el tiempo* (adaptación).
Barcelona, Ediciones Destino, 2009.

Lee y comprende

3. Haz una ficha de la pirámide con los datos del texto: dónde está, quién la mandó construir y cuándo, qué medidas tiene y qué herramientas y materiales se utilizaron para construirla.

4. ¿Cómo es la piedra calcárea? ¿Y el granito? ¿En qué se diferencian? Busca información y fotografías en Internet.

Exprésate con tus palabras

5. Imagina que un constructor de pirámides te explica cómo es su trabajo. ¿Qué te contaría?

1 Las máquinas simples

Las máquinas son aparatos inventados por el ser humano para facilitar la realización de muchas tareas, como mover pesos, desplazarnos, etc.

Las máquinas más sencillas, como la palanca, el plano inclinado y la polea, se llaman máquinas simples.

1 La palanca

La **palanca** es una barra rígida que gira alrededor de un punto de apoyo. Tiene numerosas aplicaciones, como por ejemplo mover pesos.

Así, para mover una roca podemos introducir debajo de ella un extremo de la palanca, apoyarla en un punto intermedio y hacer fuerza hacia abajo en el otro extremo.

Cuanto más largo es el tramo de palanca entre el punto de apoyo y el extremo en que hacemos fuerza, más fácil resulta mover la roca.

2 El plano inclinado

El **plano inclinado** es una rampa que permite superar desniveles.

Con un plano inclinado podemos salvar una diferencia de altura más fácilmente que subiendo y bajando escalones.

Cuanto más suave es la inclinación del plano, más fácil resulta desplazarse.

3 La polea

La **polea** es una rueda con un canal en el borde por el que pasa una cuerda. Se utiliza, entre otras cosas, para elevar pesos.

Así, por ejemplo, para sacar agua de un pozo podemos suspender la polea de un gancho, atar a un extremo de la cuerda un cubo y tirar del otro extremo.

La ventaja de la polea para elevar un peso es que es más fácil hacer una fuerza hacia abajo tirando de la cuerda que levantar el peso a pulso.

PALANCA

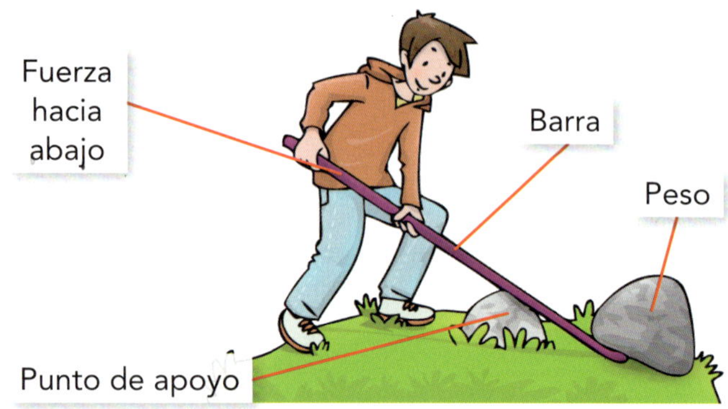

PLANO INCLINADO

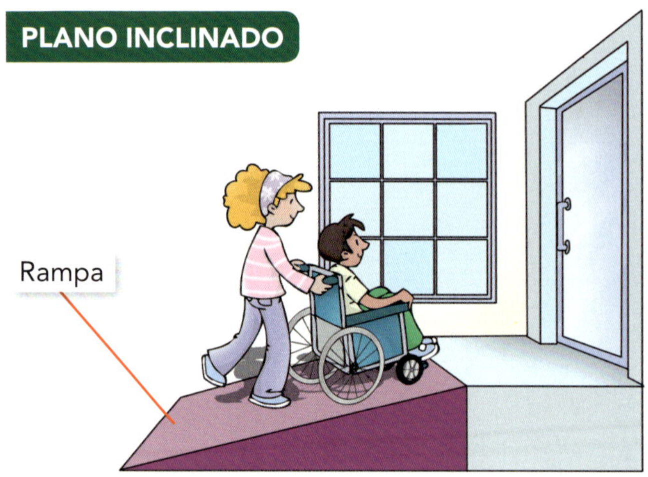

POLEA

1. ¿Para qué sirven las máquinas?
2. Pon ejemplos de uso de la palanca, el plano inclinado y la polea.
3. Explica el funcionamiento de la polea para sacar agua de un pozo.

LA RUEDA

La **rueda** es un objeto en forma de disco que gira alrededor de una barra llamada **eje**.

Forma parte de algunas máquinas simples, como la polea, y también de muchas máquinas compuestas.

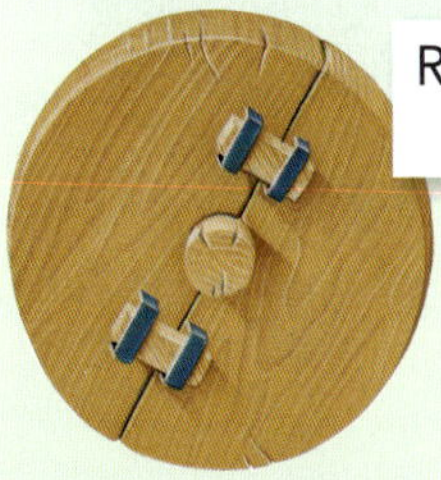
Rueda maciza de madera

Rueda de radios de madera

Rueda de radios de metal

Rueda con neumático

Las ruedas más antiguas eran pesados discos de madera maciza.

Más adelante se ideó la rueda con radios, mucho más ligera.

En la actualidad, las ruedas de los automóviles se fabrican con materiales ligeros y resistentes, e incorporan los neumáticos.

La rueda es uno de los inventos que más ha ayudado al progreso de la humanidad. Sin la rueda, el transporte terrestre de personas y mercancías sería casi imposible.

4. Cita algunos aparatos que utilicen la rueda.

5. ¿A qué tipo de vehículo corresponde cada rueda?

6. Di si estas afirmaciones son verdaderas (V) o falsas (F):

- Las máquinas facilitan la realización de muchas tareas.
- Las máquinas más sencillas se denominan máquinas simples.
- La palanca es una rueda con un canal en el borde por el que pasa una cuerda.
- Es más fácil salvar un desnivel por unas escaleras que empleando una rampa.

7. ¿Qué máquina emplea este barco pesquero para recoger las redes?

2 Las máquinas compuestas

Hay máquinas que están formadas por diversos elementos, llamados operadores, algunos de los cuales son máquinas simples. Son las máquinas compuestas.

Estas máquinas pueden ser muy sencillas, como un engranaje o unos alicates, o más complejas, como una bicicleta.

Los engranajes se utilizan para transmitir el movimiento.

1 El engranaje

Un **engranaje** está formado por la conexión de varias ruedas con el borde dentado, de manera que los salientes de una rueda encajan en los entrantes de otra.

Cuando gira una rueda del engranaje, giran a su vez todas las demás. Con ello se consigue transmitir el movimiento.

A veces, las ruedas de un engranaje no están conectadas directamente, sino a través de una cadena, como sucede en las bicicletas.

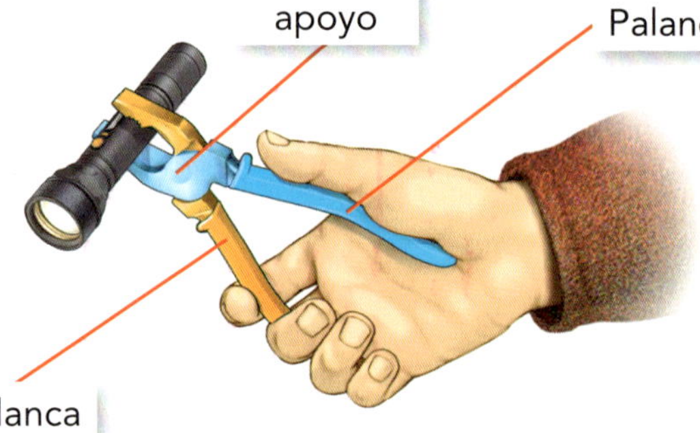

Según el tipo, los alicates se emplean para sujetar, cortar, etc.

2 Los alicates

Los **alicates** consisten en dos palancas unidas que giran sobre un mismo punto de apoyo.

Con los alicates se consigue transmitir a la pinza, aumentada, la fuerza que se hace en el mango.

Otra máquina que funciona de manera semejante a los alicates son las tijeras.

1. ¿Qué es una máquina compuesta?
2. ¿Para qué sirven los engranajes?
3. ¿Qué tipo de máquinas simples forman los alicates?

4. Di si estas afirmaciones son verdaderas (V) o falsas (F):
   - Las máquinas compuestas son siempre muy complejas.
   - Los engranajes están formados por dos palancas.
   - Los alicates son máquinas simples.

5. ¿En qué máquina simple se basa el funcionamiento de estas herramientas?

3 Descubro...

Una máquina compuesta: la bicicleta

La bicicleta es una máquina compuesta formada por varios operadores: palancas, engranajes, ruedas, etc.

Manillar

El **manillar** es una palanca unida por su punto de apoyo al mecanismo que controla la dirección.

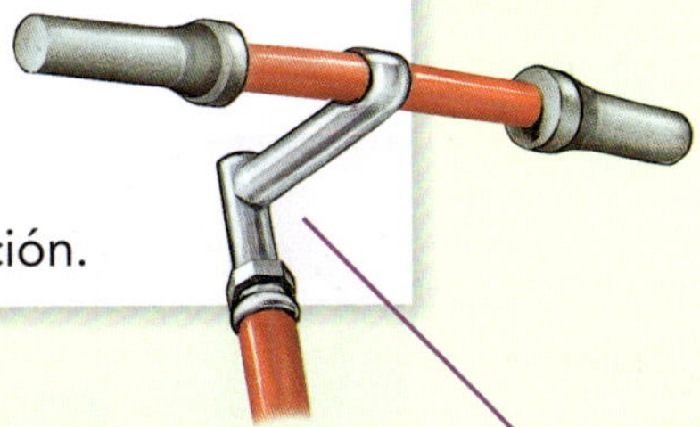

Freno

Una palanca situada en el manillar, llamada **maneta**, estira de un cable. Este cable mueve otras dos palancas situadas en la rueda haciendo que la opriman como una **pinza**. De esta manera la rueda se frena.

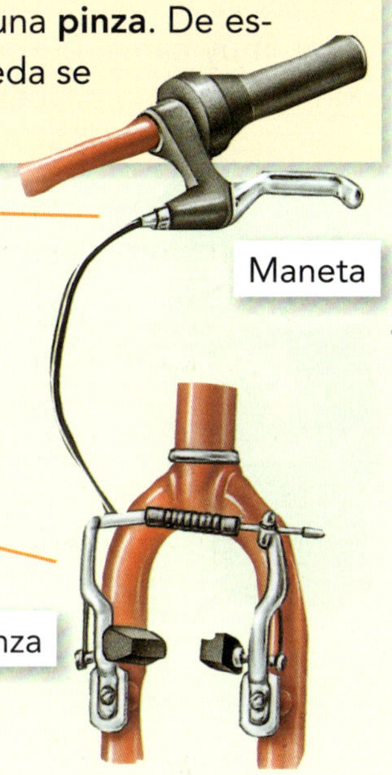

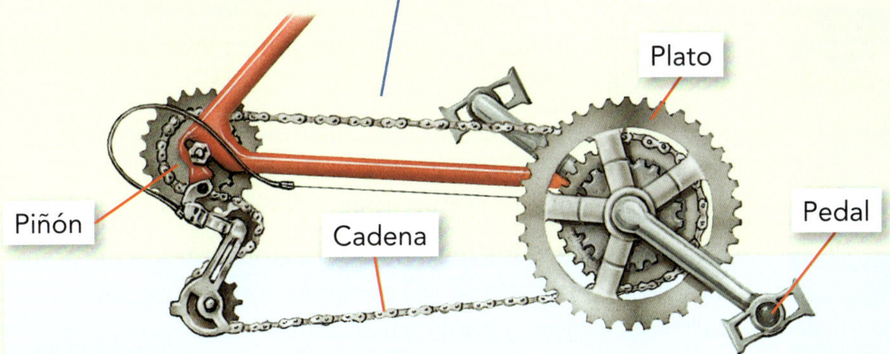

Engranaje

Los **pedales** están unidos a una rueda dentada grande llamada **plato**. El plato se conecta a través de una **cadena** a otra rueda dentada más pequeña denominada **piñón**.

Así se transmite el movimiento de los pedales a la rueda trasera.

1. ¿Qué máquina simple es el manillar?
2. ¿Qué son el piñón y el plato? ¿A través de qué se conectan? ¿De qué forman parte todos estos elementos?
3. ¿Cómo funciona el freno?

4 Descubro...

Grandes inventos

Muchos inventos han servido para hacer más fácil la vida de las personas: desde las herramientas prehistóricas hasta las máquinas que utilizamos hoy en día.

Los avances técnicos tienen aplicaciones tanto en el trabajo y el hogar como en el transporte y las comunicaciones.

La imprenta

Antes de la invención de la **imprenta** había pocos libros y eran muy caros, porque se tenían que copiar a mano. Copiar un libro era un proceso muy lento y laborioso.

En el siglo XV, Johannes Gutenberg inventó una máquina que permitía realizar muchas copias de un libro de forma rápida y fácil.

Un copista podía copiar a mano unos pocos libros en toda su vida. En cambio, un impresor podía imprimir 100 libros en un solo mes.

Gracias a la imprenta se publicaron cada vez más libros y más baratos, de manera que mucha más gente pudo leerlos y aprender de ellos.

La máquina de vapor

Un invento que revolucionó la vida de las personas fue la **máquina de vapor** ideada por James Watt en el siglo XVIII.

Fue muy importante para el desarrollo de la industria (las fábricas) y del transporte, tanto por tierra (ferrocarril) como por mar (barco de vapor).

Hasta entonces, los medios de transporte terrestre eran muy lentos, porque se utilizaban animales (bueyes, caballos, mulos...) para mover carros y carruajes.

En carro se podía tardar todo un día en recorrer unos veinte kilómetros. En cambio, una **locomotora de vapor** recorría esta distancia en menos de una hora.

explorador@digital
La máquina de vapor
www.tiching.com/636162

La comunicación a distancia

Antiguamente, la comunicación era muy lenta y difícil. Una carta podía tardar meses en llegar a su destino. Esta situación cambió en el siglo XIX, cuando se inventaron diversos sistemas que hicieron mucho más rápida la comunicación entre lugares lejanos.

El telégrafo

El primer sistema moderno de comunicación a distancia es el **telégrafo**, que envía mensajes de texto, llamados **telegramas**, mediante señales eléctricas de forma casi instantánea entre dos oficinas de correos.

Actualmente, el telégrafo ha sido sustituido casi totalmente por el **correo electrónico**. Los antiguos telegramas, que el cartero repartía casa por casa, han dado paso a los mensajes que enviamos cómodamente desde nuestro ordenador a través de Internet.

El teléfono

Un sistema de comunicación posterior al telégrafo es el **teléfono**, que también se basa en el envío de señales eléctricas, pero permite la transmisión del sonido.

En sus inicios, las señales telefónicas se enviaban siempre a través de cables, que llegaron a cubrir el cielo de algunas ciudades, como puedes ver en la imagen.

Hoy en día están muy extendidos los teléfonos móviles, que funcionan como pequeños ordenadores. Así, además de la voz permiten enviar también mensajes de texto.

1. Describe las imágenes: qué representan, si son antiguas o actuales...
2. Imagina que eres un escritor del siglo XV. ¿Qué ventajas tiene para ti la invención de la imprenta? ¿Y para los libreros? ¿Y para los lectores de tus libros?
3. ¿Qué diferencia hay entre un telégrafo y un teléfono?
4. ¿Utilizas el ordenador? Explica para qué lo empleas.
5. ¿Gracias a qué invento se movían los primeros trenes?
6. Cita otros inventos. Explica en qué han mejorado nuestras vidas.

VOCABULARIO

Señal eléctrica: información que se transmite por medio de la electricidad.

Ordenador: máquina que permite calcular, manejar textos, fotografías y vídeos, enviar mensajes a través de Internet, etc.

Aprendiz de científic@

La energía y las máquinas

Las máquinas necesitan energía para poder realizar su tarea.

Para que las máquinas funcionen se emplean diversas formas de energía, como la eléctrica, la química, etc.

DOC. 1 Los electrodomésticos

En las casas hay numerosas máquinas que funcionan con energía eléctrica. Estas máquinas se llaman **electrodomésticos**.

Así, por ejemplo, son electrodomésticos el frigorífico, la lavadora, la plancha o el aspirador.

1. ¿Qué electrodomésticos conoces? ¿En qué facilitan los electrodomésticos la vida diaria de las personas?

DOC. 2 ¿Qué energía impulsa un automóvil?

La mayor parte de los automóviles funcionan gracias a la **energía química** de un combustible. Este combustible suele ser la gasolina, una sustancia que se obtiene del petróleo.

El **motor** convierte esta energía química en el movimiento de las ruedas del vehículo.

2. Busca información en Internet sobre la cantidad de gasolina que consume un coche.
3. ¿Por qué son más respetuosos con el medio ambiente los vehículos que consumen menos gasolina?

DOC. 3 Los molinos de viento

Antiguamente se usaban **molinos de viento** para fabricar harina.

En estos molinos, la energía del viento, llamada **eólica**, es la encargada de mover las aspas.

Este movimiento se transmite a una gran piedra que muele el cereal.

4. ¿Has visto alguna vez un molino de viento? ¿Dónde?

Practica...

Cómo construir un pequeño molino de viento

Esta es una actividad para realizar en grupo, con la ayuda del profesor o la profesora. Se trata de construir la maqueta de un molino de viento, que te servirá para entender mejor cómo se aprovecha la energía eólica para mover una máquina.

Material

- Tapón de corcho.
- Varilla de latón.
- Tijeras.
- Cartulina gruesa.
- Palillos redondos.
- Pegamento.
- Soporte de madera.
- Dos tacos de goma.
- Pinza de carpintero.
- Carrete de hilo.
- Secador de pelo.
- Plastilina.

Procedimiento

1. Atraviesa el corcho, por su centro, con la varilla.
2. Corta diez rectángulos de cartulina de unos 8 centímetros de largo y 4 centímetros de ancho.
3. Dobla los rectángulos por la mitad. Para cada uno, coloca un palillo entre las dos caras y luego pégalas. De esta forma obtendrás las paletas.
4. A continuación, clava todas las paletas en el tapón de corcho, de manera que queden bien repartidas.
5. Coloca la varilla con la rueda de paletas en el soporte de madera, como en el dibujo.
6. Monta los dos tacos de goma a uno y otro lado del soporte para que el molino no se desplace. No deben rozar con el soporte. Fija el soporte a una mesa con la pinza de carpintero.
7. Comprueba que gira con facilidad; si no es así, unta el punto de fricción con jabón.
8. En la otra punta de la varilla, monta el carrete de hilo. Cuando soples sobre las paletas de la rueda con el aire del secador, el molino girará.
9. De esta forma se enrollará el hilo y podrá levantar pequeños objetos, como una bola de plastilina u otras piezas ligeras.

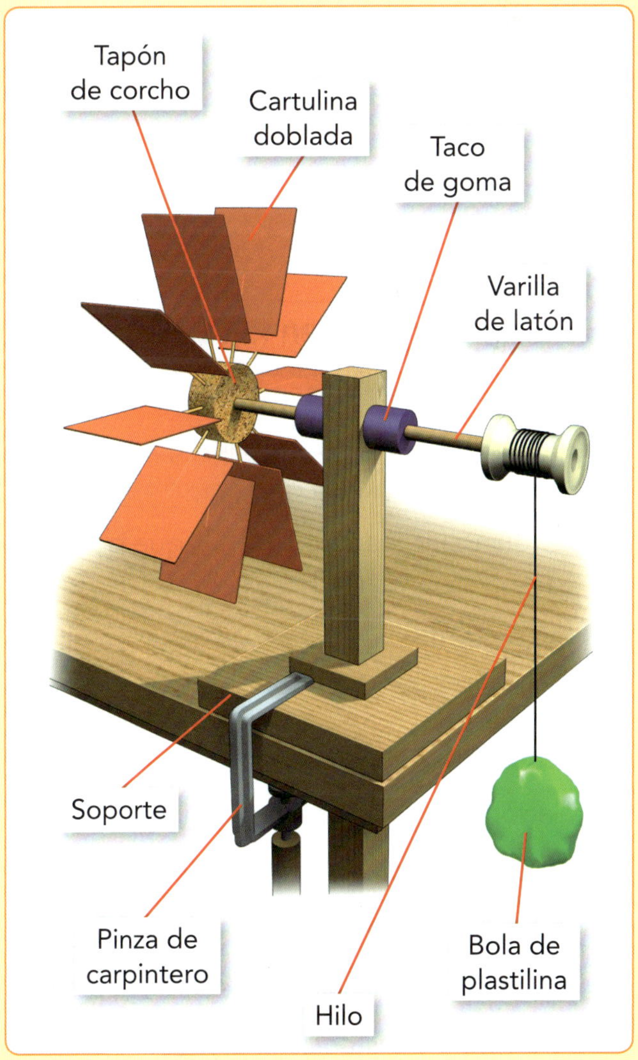

Repaso lo aprendido

1. Copia este mapa conceptual en tu cuaderno.

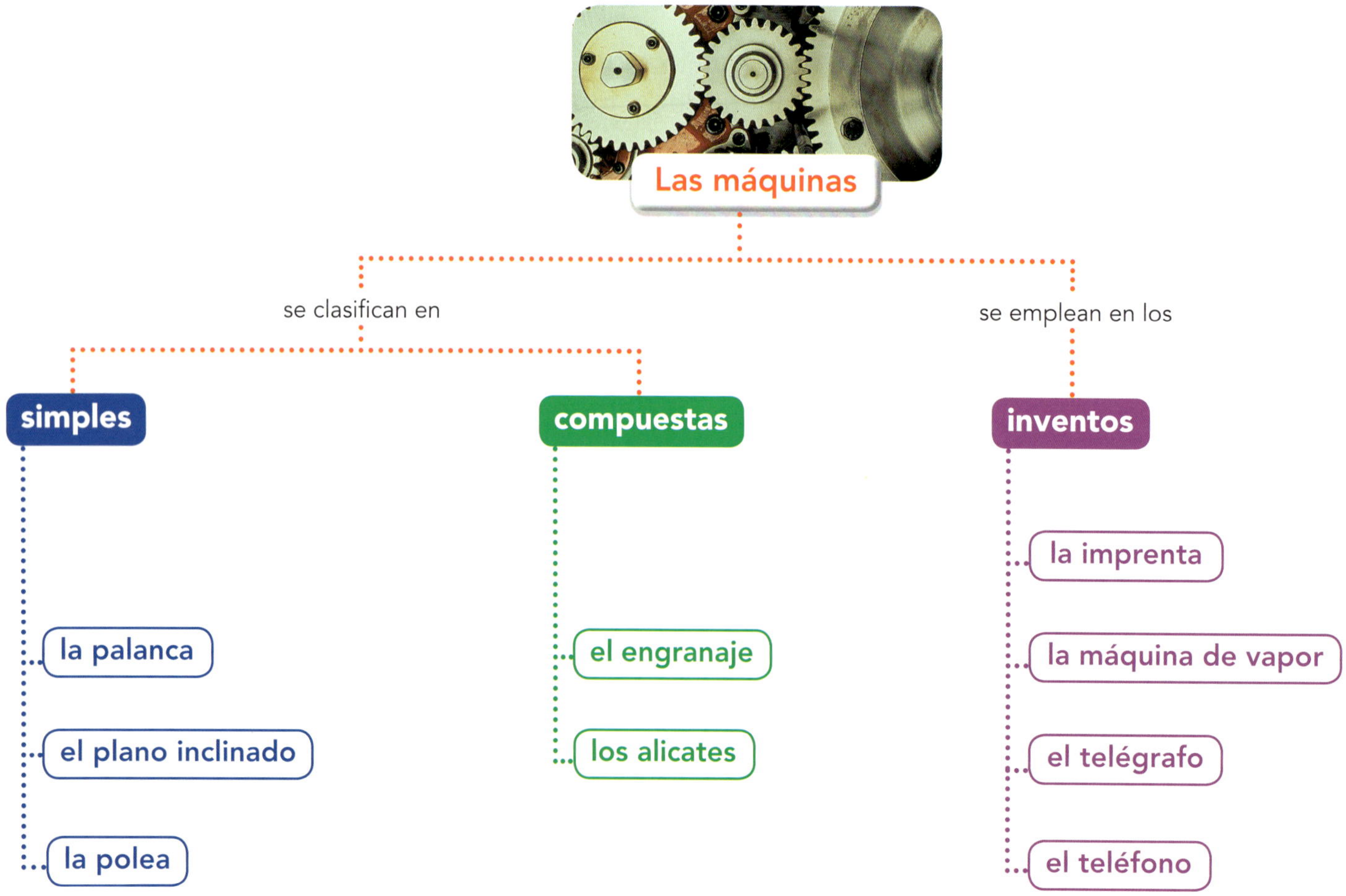

2. Copia y completa en tu cuaderno.

- Las máquinas más sencillas son las máquinas … .
- Las palanca es una … rígida que puede girar alrededor de un punto de … .
- El plano inclinado es una … que permite superar desniveles.
- La … es una rueda con un canal en el borde por el que pasa una cuerda.
- Las máquinas compuestas están formadas por diversos elementos, llamados … .
- Con los engranajes se consigue transmitir el … .
- Los alicates consisten en dos … unidas que giran sobre un mismo punto de apoyo.
- Muchos … han servido para hacer más fácil la vida de las personas.

3. Relaciona.

Relaciona en tu cuaderno cada invento con su utilidad:

- Fabricar libros de forma rápida y fácil.
- Enviar mensajes de texto a distancia.
- Contribuir al desarrollo de la industria.
- Transmitir a distancia el sonido.

Máquina de vapor

Imprenta

Teléfono

Telégrafo

4. Observa las imágenes, completa la tabla en tu cuaderno y contesta.

Máquina simple	Máquina compuesta
...	...
...	...

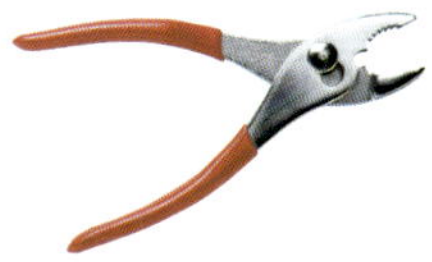

a. ¿Para qué puede servir una palanca?

b. ¿Es más fácil subir escaleras o subir una rampa?

c. ¿En qué situación utilizarías una polea?

d. Pon un ejemplo de una máquina compuesta que contenga engranajes.

5. Entre tod@s. Clasificamos máquinas.

Vamos a realizar una actividad para aprender a clasificar máquinas.

Dividíos en grupos. Cada grupo buscará imágenes de máquinas en revistas, folletos publicitarios o Internet e indicará el tipo de máquina simple o compuesta que representa la imagen.

Después, con las imágenes escogidas, elaboraréis dos murales, uno por cada tipo de máquina simple (palanca, plano inclinado o polea), señalando sus partes, y otro con las máquinas compuestas, indicando los operadores que contienen.

- Fíjate en los murales y escoge la máquina que te parezca más útil y explica el porqué.

JUGANDO TAMBIÉN SE APRENDE

6. ¿Qué palabras se esconden?

A continuación hay seis palabras relacionadas con este tema. Cada una se ha dividido en dos partes. Localízalas.

mani · pa · pin · lea · da

lanca · engra · llar · po · za · naje · rue

7. Dibuja.

Con estos operadores, dibuja una máquina en tu cuaderno que sirva para desplazarse.

palanca · ruedas · engranaje

Evalúo mis logros

1. Clasifica estas sustancias en tres columnas, según sean sólidas, líquidas o gaseosas. Hazlo en tu cuaderno:

agua • aire • arena • zumo de naranja
hierro • hielo • leche • gas natural

2. En cada diagrama se han colado materiales que no corresponden. Identifícalos:

MATERIALES NATURALES

resina, algodón, sal, lana, petróleo, seda, plástico, marfil, diamante

MATERIALES ARTIFICIALES

arcilla, vidrio, mármol, cuero, seda, corcho, plástico, plata, papel

3. Ordena las fases sobre el proceso de la fabricación del papel:

a. Almacenar el papel en grandes bobinas.

b. Talar los árboles.

c. Triturar la madera, mezclarla con agua y otras sustancias hasta obtener una pasta.

d. Pasar la pasta por unas máquinas hasta convertirla en papel.

e. Quitar la corteza de los troncos.

f. Extender el papel por una cinta para conseguir una capa uniforme.

4. Completa en tu cuaderno los textos de los recuadros:

Central eólica

Emplea la energía del …

Central …

Emplea la energía del …

Central …

Emplea la energía del …

Central …

Emplea …

5. Piensa y luego escribe en tu cuaderno una lista con cosas que puedes hacer para ahorrar energía en casa.

Decórala y ponla en un lugar visible para que entre toda la familia podáis reducir el consumo de energía en vuestro hogar:

MEDIDAS DE AHORRO ENERGÉTICO

1. ...	4. ...	7. ...
2. ...	5. ...	8. ...
3. ...	6. ...	9. ...

6. Escribe en tu cuaderno el nombre de las partes de la bicicleta que se indican:

7. Busca en la sopa de letras los nombres de los cinco electrodomésticos de las fotografías. Escríbelos en tu cuaderno:

M	L	U	B	A	T	I	D	O	R	A
C	A	S	K	A	R	A	P	R	T	S
J	V	B	T	O	E	M	N	S	L	M
T	A	S	P	I	R	A	D	O	R	A
M	D	P	Z	L	I	T	Z	F	N	U
T	O	S	T	A	D	O	R	A	O	A
F	R	I	G	O	R	I	F	I	C	O
G	A	H	A	D	L	N	T	A	Z	X

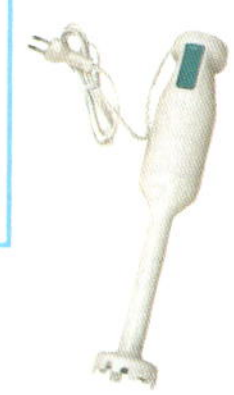

Practico competencias

1. Imagina que tu familia va a cambiar de domicilio. En cada una de las estancias de la nueva casa se observan formas de energía:

- Observa las fotografías y averigua qué forma de energía predomina en cada una de estas habitaciones.
- ¿Qué forma de energía no está representada?

2. La energía eléctrica de la casa procede de una central hidroeléctrica:

- ¿Qué fuente de energía se utiliza en estas centrales?
- Observa ahora las siguientes fotografías. Relaciona en tu cuaderno cada una de las centrales eléctricas con la fuente de energía que utiliza.

a) SOL   b) CARBÓN, GAS Y PETRÓLEO   c) VIENTO

3. Puedes elegir la decoración de tu dormitorio:

- Busca de qué material serán la alfombra, el escritorio, la silla y la cama. ¡Pero, atención, debes seguir las siguientes normas!
- Piensa en un elemento decorativo que te gustaría tener en la habitación. ¿De qué material está hecho? Dibuja este objeto en tu cuaderno.

NORMAS

- ✔ La alfombra debe ser de origen animal.
- ✔ El escritorio y la silla, de origen vegetal.
- ✔ La cama tiene que ser de un material artificial.

4. En la mesa del despacho hay algunas máquinas:

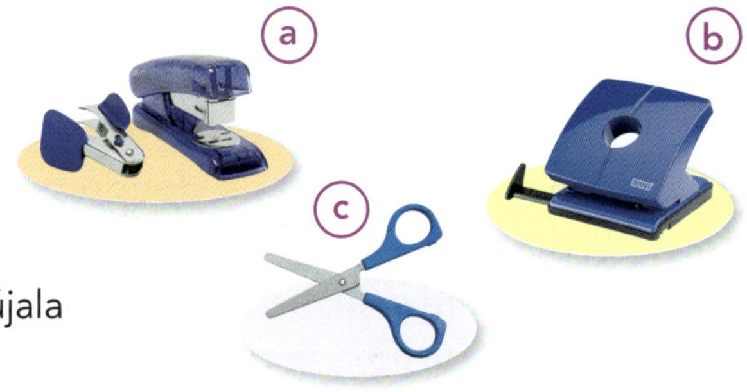

- Observa las fotografías. ¿Cuál de estas máquinas conoces?
- ¿Es una máquina simple o compuesta?
- Nombra los operadores por los que está formada, si los hay.
- ¿Conoces otra máquina que funcione de manera similar? Dibújala en tu cuaderno.

5. En el salón hay una gran librería con una *Enciclopedia de los grandes inventos*:

- Elige uno de estos inventos, que aparecen en las ilustraciones.
- Busca la información necesaria para responder a estas preguntas:
  - ¿Cuándo se inventó?
  - ¿Para qué se utiliza?
  - ¿Ha cambiado mucho desde sus orígenes?
- ¿Qué es lo que te llama la atención sobre este invento?

teléfono

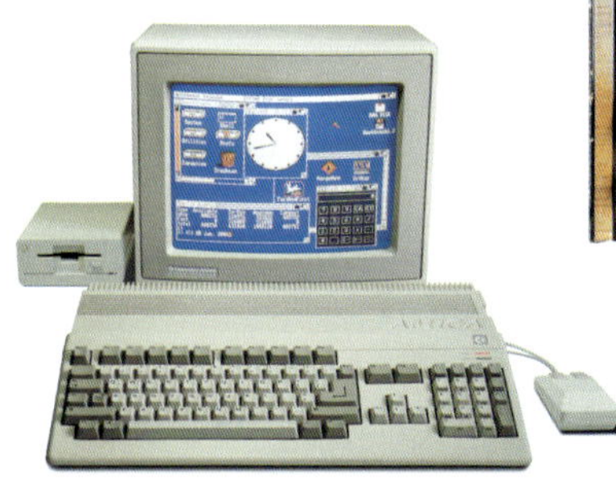
ordenador personal

televisor

6. Esta noche, a la hora de la cenar, estrenaréis la cocina. Pero antes puedes hacer en ella algunos experimentos:

- Elige cuatro recipientes de vidrio de diferentes tamaños y formas. A continuación, llénalos de agua:
  - ¿El líquido se adapta a la forma del recipiente que lo contiene?
- Añade a cada recipiente uno de estos alimentos: sal, aceite, azúcar y cacao en polvo. Agita y observa qué sucede en cada caso:
  - ¿Ha desaparecido la sustancia que has añadido al agua?
  - ¿Ha cambiado el color del agua?
  - ¿Ha cambiado el sabor?

NECESITARÉ...
- 4 recipientes de vidrio
- Agua
- Aceite
- Sal
- Azúcar
- Cacao en polvo

7. El día ha sido muy emocionante. Envía un correo electrónico a tus amigos para explicarles algunas de las cosas que has aprendido hoy:

- Describe cómo es la casa y cuál es la estancia que más te gusta y por qué.
- Explica las formas de energía que usaréis en el nuevo hogar.
- Cuéntales las conclusiones a las que has llegado con tus experimentos de hoy en la cocina.

Proyecto TIC

El queso: de la granja a la mesa

¿Os habéis preguntado de dónde proviene el queso? Os proponemos participar en un proyecto para crear, con un procesador de textos, un cuento ilustrado que profundice en algunos aspectos que giran en torno a la ganadería, la alimentación y las máquinas.

Descubre y responde

- ✔ ¿Qué tipo de animal es la vaca? ¿Qué nos aportan los alimentos que obtenemos de ella (la leche y sus derivados)?
- ✔ ¿Cuál es su proceso de elaboración? El ejemplo del queso.

PASO PREVIO. ¿Qué sabemos y qué queremos saber?

a) Comentad oralmente, entre toda la clase, los conceptos que aparecen en esta libreta. Es el punto de partida de vuestro proyecto.

b) ¿Qué os sugieren estas palabras? Relacionadlas y formulad preguntas o definiciones en torno a ellas.

explorador@digital
La elaboración del queso
www.tiching.com/613205

- ✔ Ganadería
- ✔ Maduración
- ✔ Derivado lácteo
- ✔ Industria
- ✔ Alimentación
- ✔ Granja
- ✔ Proteínas
- ✔ Calcio
- ✔ Bovina
- ✔ Herbívoro

- ✔ Vaca
- ✔ Doméstico
- ✔ Cuajada
- ✔ Leche
- ✔ Nutrientes
- ✔ Carne
- ✔ Rumiante
- ✔ Proceso productivo
- ✔ Queso
- ✔ Grasas

PLANIFICACIÓN. ¿Qué tenemos que hacer?

a) Organizaos en grupos y **buscad información** en Internet que responda al contenido que se plantea en el índice de este libro.

- nutrientes & queso

Escribid en un buscador como Google, por ejemplo, las **palabras clave** del tema. Podéis ayudaros de los conceptos que habéis analizado en el paso previo.

Buscador

b) Compartid la información. En la plataforma digital de la escuela, el profesor abrirá una carpeta llamada "**El queso: de la granja a la mesa**". En ella incluirá otra carpeta con el nombre de vuestro capítulo o apartado.

c) Guardad la documentación que habéis encontrado y expresad oralmente, entre los miembros del grupo, qué información falta, quién la va a buscar, dónde, etc.

Índice

1 Descubrimos un animal: la vaca

- ¿Qué tipo de animal es la vaca? ¿Cuáles son sus características: partes del cuerpo, alimentación, digestión, reproducción, etc.?
- ¿Dónde y cómo se crían las vacas? ¿Qué trabajos realiza un ganadero para criarlas?
- ¿A qué tipo de ganadería corresponde la cría de las vacas?

2 Nos alimentamos bien: la leche

- ¿Cuál es el origen de la leche?
- ¿Qué nutrientes contiene? ¿Qué beneficios tiene para la salud? ¿Cuántas raciones de leche debemos tomar cada día?
- ¿Qué otros alimentos se obtienen a partir de la leche?

3 Conocemos un proceso productivo: la elaboración del queso

- ¿Qué es el queso? Buscad su origen legendario.
- ¿Cuál es el ingrediente principal que se necesita para elaborar el queso?
- ¿Cómo es el proceso de elaboración del queso?
- ¿Qué tipo de herramientas y máquinas se utilizan para llevar a cabo todo el proceso?
- ¿Cómo se conserva y se envasa el queso para su comercialización?

d) Pensad, entre toda la clase, cuál será el hilo conductor del cuento y **esbozad un guion**. Cread y diseñad el **personaje protagonista** que os guiará a través de la historia (un voluntario será el encargado de dibujarlo).

Proyecto TIC

DESARROLLO. ¿Cómo lo hacemos?

a) Para diseñar el cuento debéis utilizar un **procesador de textos**, como Word, OpenOffice Writer, etc. Abrid una página nueva y seguid estas pautas:

- ✔ Escribid un encabezamiento con el título del capítulo y/o del apartado que os corresponda.
- ✔ Redactad vuestra parte del cuento. Recordad que el personaje que habéis diseñado entre todos es el conductor de la historia.
- ✔ Insertad imágenes, esquemas, etc., que complementen y ayuden a comprender los contenidos.

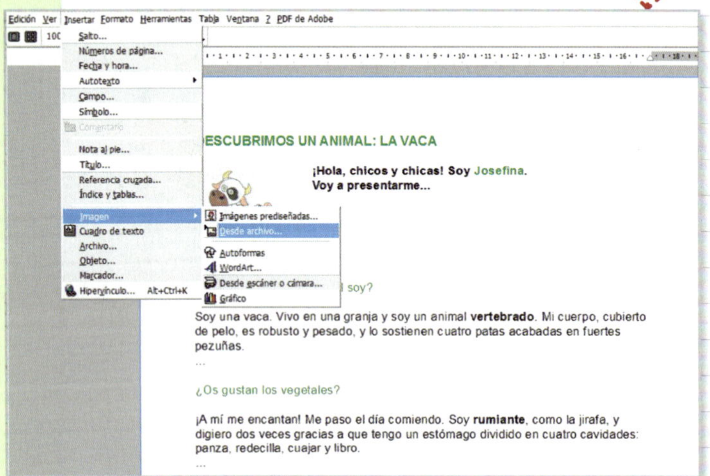

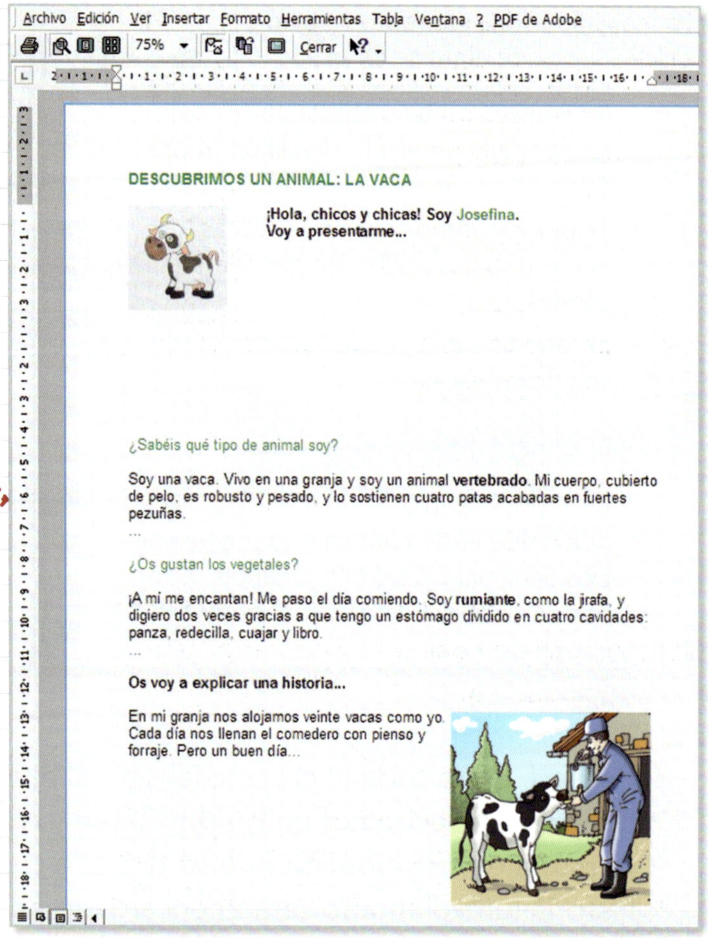

b) Juntad las diferentes partes del cuento en un solo archivo y, entre todos, acabad de enlazar los textos. Después, imprimidlo y encuadernadlo.

c) Cada grupo debe **leer** al resto de la clase la parte del cuento que ha trabajado. ¡Poned atención y disfrutad de la historia!